Dieses Buch gehört:

Hölkers kleine Küchenbibliothek

Bayerische Küchenschätze

gesammelt und ausprobiert
von Gisela Allkemper

verlegt von

Wolfgang Hölker

ISBN: 3-88117-327-7
VVA-Nr.: 280/00327-1

Martinistraße 2, D-4400 Münster

Printed in Germany by Druckhaus Cramer, Greven
Imprimé en Allemagne
Graphische Gestaltung: Rainer Eichler
Buchbinderische Verarbeitung: Klemme & Bleimund, Bielefeld
Musterschutz angemeldet beim Amtsgericht Münster

Inhalt

Vorwort

Vorwort

In einem kleinen Büchlein Bayerns Küchenschätze vorzustellen, das bedeutet Zusammenfassung der rund 50 wichtigsten Spezialitäten. Dieser Begriff steht hier jedoch nicht für das Angebot einer Gastronomie, die sich auf den Fremdenverkehr einzurichten hat. Vielmehr sind Rezepte zu finden, nach denen ursprünglich in diesem Lande Essen und Trinken bereitet wurden.

Die Eß- und Trinkgewohnheiten der Menschen in einem Lebensraum spiegeln den Charakter einer Landschaft und ihrer Bewohner wider. Hier spielen Ackerbau und Viehzucht eine Rolle, dort der Hopfenanbau. Die Jahreszeiten wirken ein und auch das Brauchtum - von der Religion oder der Lebensfreude, der Not oder dem Wohlstand geprägt. Da gibt es sowohl die Besonderheiten einzelner Landstriche als auch den Austausch zwischen ihnen. Und da ist die Hauptstadt des weiß-blauen Landes: München - der pulsierende Mittel- und Anziehungspunkt. Seine Feste und Gaudi sind weltbekannt. Wer München beschreiben will, muß das Oktoberfest, den Viktualienmarkt, das Hofbräuhaus erwähnen, und er kommt dann auch ohne Weißwurst und Bier, ohne Knödel und Radi nicht aus.

Doch in dem Bild vom schönen Land, in dem es sich gut leben läßt, darf nicht fehlen, daß oft hart gearbeitet werden muß. Es gibt breite Auen, aber auch schmale Täler. Steile Hänge fordern Kraft. Wo der Einzelne sein Werk nicht schafft, braucht er Hilfe.

Das erfordert freundlichen Umgang mit dem Nachbarn, das bringt Anteilnahme an Freud und Leid des anderen. Somit sind Einladungen zu großen Geselligkeiten, Festhalten an altem Brauchtum, sind Gemütlichkeit in Biergärten und Gaststuben Teil des Lebens in Bayern.
„Wenn's bayerisch Bier regnet und Bratwürstl schneit, so bitt'n wir den Herrgott, daß's immer so bleibt."

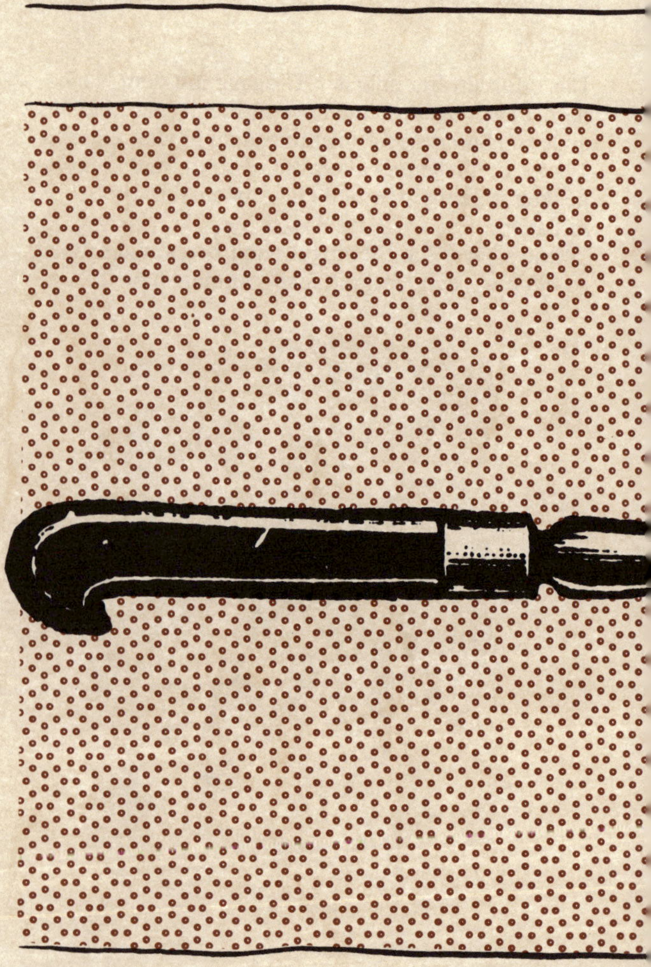

Brotzeit

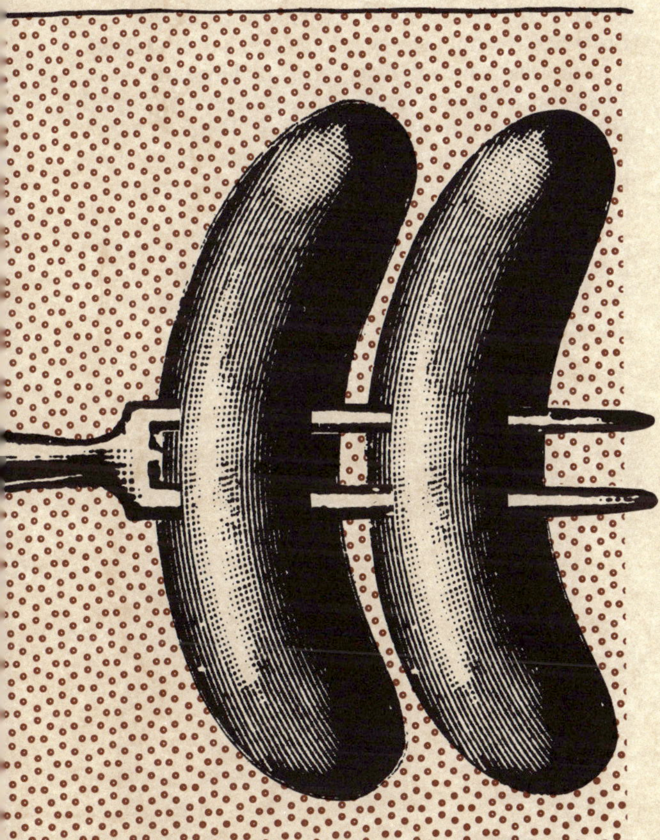

Was wäre Bayern ohne Brotzeit? Ein Stück Gemütlichkeit und Menschenfreundlichkeit würde fehlen! Brotzeit ist vormittags zwischen 10.30 Uhr und 12.00 Uhr und nachmittags zwischen 17.00 Uhr und 18.30 Uhr. Man sitzt bei gutem Wetter in den gemütlichen Biergärten und bei schlechtem Wetter in den Brotzeitstuberln der Gaststätten, plaudert bei Schmankerln und einer Maß Bier mit dem Tischnachbarn und genießt die Verschnaufpause.
Schmankerln sind kleine Leckerbissen, die sich jeder leisten kann. Die berühmtesten Schmankerln sind die Weißwurst und der Leberkäs. Der Radi, die Brezeln und die Semmeln aber dürfen nicht fehlen.

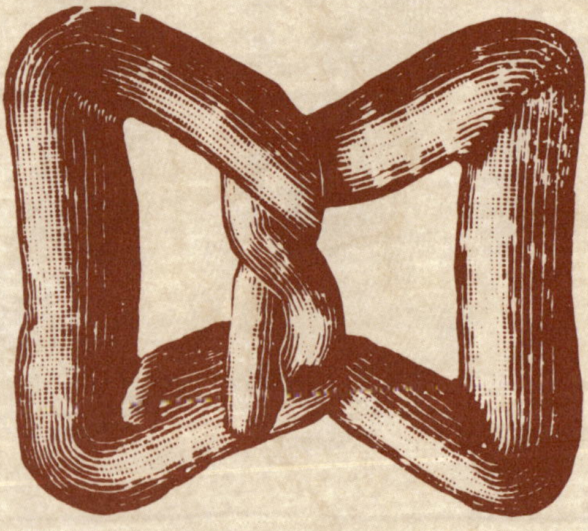

Weißwurst

Sie wird jeden Morgen in den Metzgereien frisch gekocht, und man sagt von ihr, sie dürfe das „12-Uhr-Läuten“ nicht hören. Nur im Fasching gibt es sie den ganzen Tag über.

Im Fasching soll sie auch erfunden worden sein. Als ihr Schöpfer wird der Sepp Moser, Gastwirt zum „Ewigen Licht“, in Münchener Annalen geführt. Der Sepp nämlich wollte am Faschingssonntag des Jahres 1857 die bis dato so beliebten Bratwürste machen, stellte aber fest, daß ihm die dünnen Därme ausgegangen waren. Er mußte die Wurstmasse der Not halber in die dicken Därme füllen, damit jedoch waren die Würste zum Braten zu dick. Also erhitzte er sie und trug sie seinen Gästen als Spezialität auf. Sie wurden allgemein gelobt und deshalb von nun an jeden Tag auf diese Weise zubereitet.
Wer sich die langwierige Arbeit zu Hause machen möchte, dem sei das folgende Rezept für ca. 20 Personen eine Hilfe dazu:

3 kg Kalbsbrät, 1 1/2 l Eiswasser, 70 g Schmalz, 250 g Wammerl (Schweinespeck), 500 g gekochter Kalbskopf und Schweinsschwarte, 1 große Zwiebel, 3 Bund Petersilie, 4 g weißer gemahlener Pfeffer, 2 g Muskatblüte, 1 Prise Nelkenpulver, 4 g abgeriebene Zitronenschale, 6 m Schweinsdarm

Das vom Metzger bereits durchgedrehte Kalbsbrät mit Wasser in einem starken Mixer zu einer Paste zerkleinern. Jeweils nur eine Teilmenge in mehreren Arbeitsgängen verarbeiten und anschließend mit dem Handmixer gut zusammenmischen. Einen, besser zwei Tage zugedeckt im Kühlschrank zum Quellen stehen lassen. Dann den Speck, den Kalbskopf, die Schweinsschwarten, die Zwiebel und die Petersilie

zwei- oder dreimal durch den Fleischwolf drehen, mit den Gewürzen und dem Kalbsbrät gut verrühren (am besten wieder im Mixer) und mit einer Spritztüte oder einem großen Trichter in die beim Metzger gekauften Schweinsdärme füllen. Abdrehen (Weißwürste werden nicht abgebunden) und 20 Minuten in sehr heißem, aber nicht kochendem Wasser ziehen lassen. Man ißt sie sofort, da sie, wenn sie schon einige Stunden vorher zubereitet und wieder aufgewärmt wird, „letschert", also fad schmeckt. Der echte Münchner schlitzt die Weißwurst auf, schabt den Inhalt heraus und legt die Haut an den Tellerrand. Er ißt dazu süßen bayerischen Senf und Brezeln oder Remische und trinkt Märzen, Maibock oder eine Wiesenmaß – je nach Jahreszeit. Remische sind übrigens mit Kümmel bestreute Roggen-Sauerteigbrötchen, die auch unter dem Namen „Römische", „Riemische" oder „Maurerloabe" bekannt sind.

Leberkäs

Viele Metzger und Gastwirte haben eine Tafel vor ihrem Hause hängen: „Täglich ab 10.00 Uhr (17.00 Uhr) warmer Leberkäs."
Er ist **das** bayerische Nationalgericht und wird in wirklich allen bayerischen Bevölkerungsschichten verzehrt. Gehässige nennen ihn auch wohl „Beamtenschinken", weil er bei mäßig besoldeten Angestellten früher nicht nur als Brotzeitschmankerl, sondern auch als Abendmahl galt.

Der Name Leberkäs läßt fälschlich auf die Zutaten Leber und Käse schließen. Beides ist darin nicht enthalten. Vielmehr rührt „Leber“ von Loab (Laib) her und „Käse“ von der brotartigen Form der bayerischen Käsesorten.

Für etwa 15 bis 20 Personen:
3 kg mageres Rindfleisch, 500 g Schweinehals, 250 g fettes Wammerl mit Schwarte, 1 Zwiebel, 80 g Salz, 8 g gemahlener weißer Pfeffer, 1 Eßlöffel Majoran, 2 zerdrückte Knoblauchzehen, etwas abgeriebene Zitronenschale, 1 1/2 l Wasser, 10 g Schweineschmalz

Wie bei den Weißwürsten, so wird auch hier das durchgedrehte Fleisch im Mixer mit Salz und Wasser portionsweise zu einem glatten, glänzenden Brei verarbeitet. Mit dem Handmixer die gesamte Masse gut zusammenrühren und zum Quellen kühl stellen. Mit geriebener Zwiebel und den anderen Gewürzen

vermischen und in eine gefettete Kastenform füllen. Festdrücken und 1 1/2 bis 2 Stunden bei mittlerer Hitze backen.
Leberkäs wird zur Brotzeit als Schmankerl frisch und heiß gegessen. Und so macht man ihn zu einem Hauptgericht: Dicke Scheiben werden in der Pfanne gebraten, obenauf setzt man ein Spiegelei und serviert verschiedene Salate dazu.

Knöcherlsulz

… oder auch Tellersulz genannt, ist ebenfalls ein begehrtes Schmankerl.

1 halber Kalbsfuß, 2 gespaltene Schweinsfüße, 2 Bund Suppengrün, 1 Zwiebel, 4 Eßlöffel Essig, 10 Pfefferkörner, 1 großes Lorbeerblatt, 2 Wacholderbeeren, 2 Nelken, Salz

Alle Zutaten mit 1 1/2 l kaltem Wasser aufsetzen, zum Kochen bringen und mindestens 2 Stunden leise sieden lassen. Die Flüssigkeit durch ein Tuch seihen. Nach dem Erkalten wird die Brühe sorgfältig entfettet und wieder aufgekocht. Die Haut- und Fleischteilchen von den Füßen entfernen und nicht zu fein hacken. Auf vier Tellern verteilen, nach Belieben verzieren (Petersilienblätter, Tomaten- oder Eierscheiben, saure Gurke) und mit dem Sud begießen. Erstarren lassen. Mit Remischen als Schwankerl oder mit Röstkartoffeln als Hauptmahlzeit auftischen.

Radi

Der Münchner Bierrettich ist die einzige Rettichsorte, die wirklich „Radi“ heißt. Radi, das leitet sich direkt ab von lateinisch „radix“, Wurzel.
Wie man den Radi ißt, darüber streiten sich selbst die Bayern. Allerdings darf er nicht mit einem Schneidrad geschnitten werden. Entweder schneidet man ihn längs in hauchdünne Scheiben oder man macht eine Ziehharmonika. Dazu schneidet man ihn quer etwa zu 2/3 durch in dünne Scheiben, dreht ihn um und

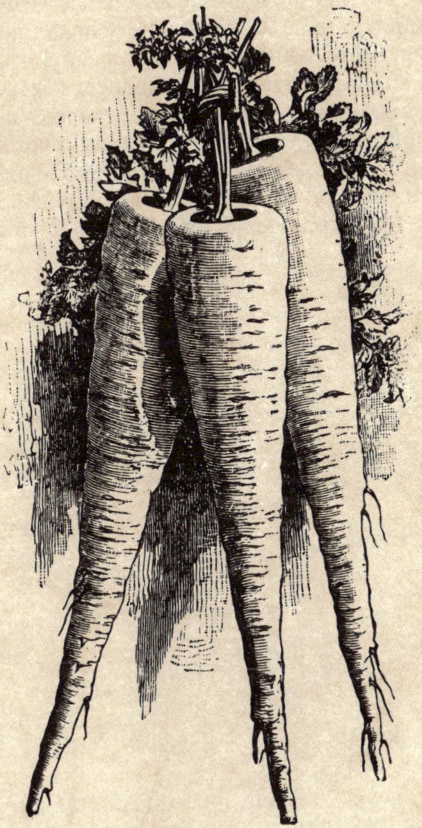

schneidet ihn nun im Winkel von 45 Grad wiederum zu 2/3 durch in feine Scheiben. Die Schnitte müssen auf beiden Seiten ineinander gehen: dadurch kann man ihn auseinanderziehen und bequem salzen. Denn das ist wichtig: der Radi muß „weinen", damit er mild und würzig wird. Man nimmt dazu normales, geräuchertes oder gepfeffertes Salz. Brot und am besten auch ein Käse werden als Beilage gereicht. Denn auch Käse gehört zu den Schmankerln und wird gern gegessen.

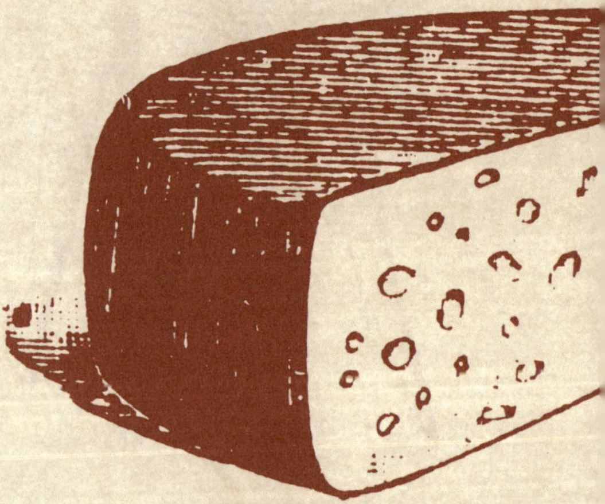

Obatzta

Obatzta heißt eigentlich Lehm und dieses Schmankerl sieht auch fast so aus. Es läßt Gegner fliehen - Kennern aber läuft das Wasser im Mund zusammen bei seinem Anblick (und Geruch!).

250 g sehr reifer Camembert oder Romadur, 50 g Butter, 1 kleine gehackte Zwiebel, Salz, Pfeffer, 1 Eigelb

Den Käse mit allen Zutaten gut verkneten und als „Lehmklumpen“ auf einem Brett mit Brezeln oder Semmeln und Radi servieren. Die Maß Bier darf selbstverständlich auch nie fehlen.

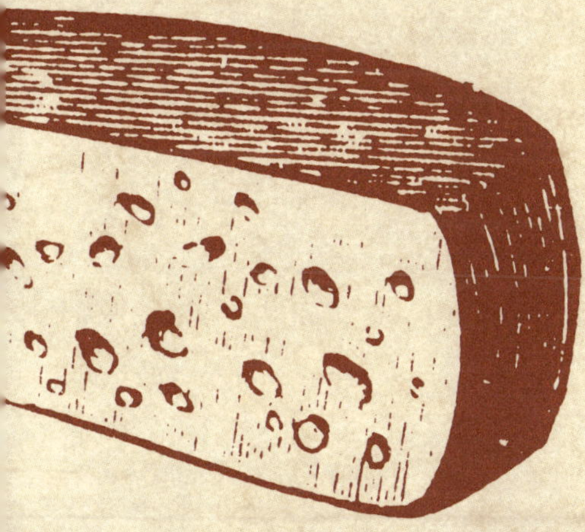

Eigene Rezepte & Notizen:

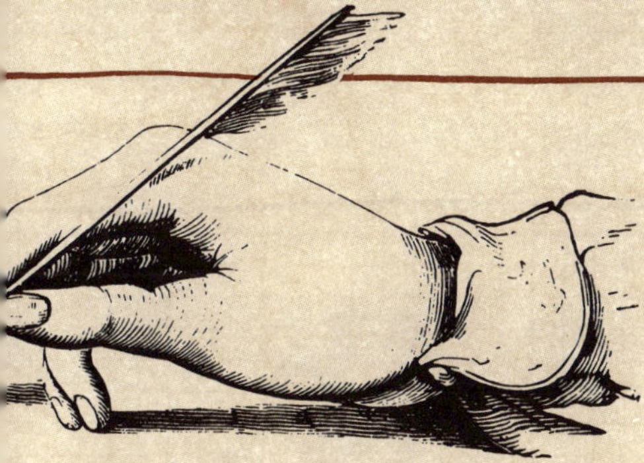

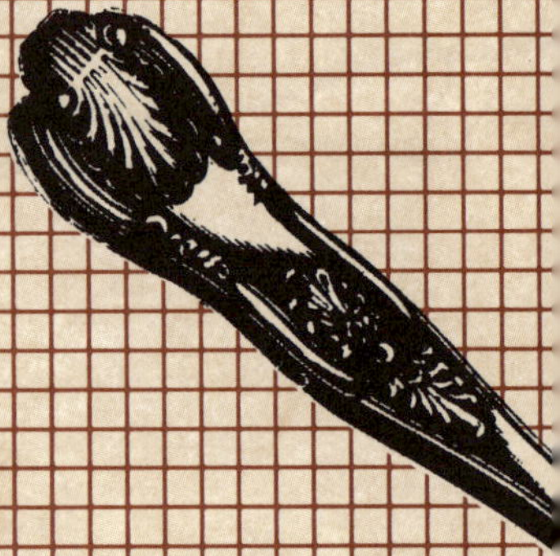

Voressen

Das altbayerische Voressen ist praktisch die Verlängerung der Brotzeit und zählt zu den Schmankerln, wobei jedoch zu sagen ist, daß heutzutage daraus oft Hauptgerichte der Mittagsmahlzeit geworden sind. Ursprünglich aber ging man vor dem häuslichen Essen zwischen 11 und 12 Uhr zum Metzger oder in den Biergarten zum Voressen. Es bestand - und besteht auch heute noch - aus den Innereien vom Kalb, Rind oder Schwein, dazu werden Semmeln und Bier gereicht.
Einige typische Voressen seien hier aufgeführt:

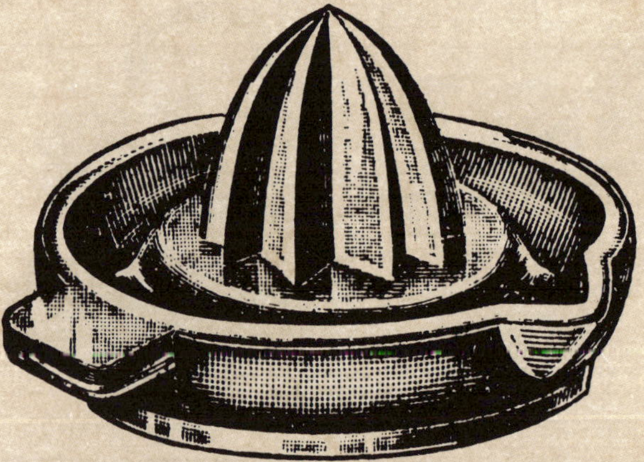

Kuttelfleck

1 kg Kalbskutteln (Gekröse), 6 Eßlöffel Essig, 40 g Schmalz, 1 Zwiebel, 2 Eßlöffel Mehl, 1 Eßlöffel Zitronensaft, Pfeffer, Salz, 1 Eßlöffel gehackte Petersilie

Die vom Metzger vorbereiteten Kutteln in Essigwasser (4 Eßlöffel Essig auf 1 l Wasser) weich kochen, abschrecken und in schmale Streifen schneiden. Die gehackte Zwiebel abschmälzen, mit Mehl bestäuben und bräunen lassen. Mit etwas Wasser aufgießen, mit Zitronensaft, Pfeffer und Salz würzen und mit etwas Essig säuerlich abschmecken. Die Kutteln darin aufwärmen und mit Petersilie bestreuen. Als Voressen mit Semmeln verzehren, als Hauptgericht mit Semmelknödeln servieren.

Saures Züngerl

500 g Kalbslunge, 1/8 l Essig
Für den Sud: 2 l Wasser, 2 Bund Suppengrün, 2 Zwiebeln, 2 Lorbeerblätter, 2 Nelken, 2 Wacholderbeeren, 8 Pfefferkörner, 1 gehäufter Eßlöffel Salz, 4 Eßlöffel Essig
Für die Sauce: 40 g Fett, 2 Eßlöffel Mehl, 1 Eßlöffel Zitronensaft, Pfeffer, Salz

Den Sud zum Kochen bringen, die gewaschene Lunge hineingeben und etwa 1 Stunde darin kochen. Abtropfen und abkühlen lassen, dann in feine Streifen schneiden, mit 1/2 l Sud und 1/8 l Essig begießen und 1 bis 2 Tage marinieren. Aus den angegebenen Zutaten sowie der Lungenbrühe eine braune Einbrenne bereiten, die Lunge dazugeben und abschmecken. Mit Semmelknödeln servieren.

Gebackenes Euter

4 Scheiben gekochtes Euter (500 g), Pfeffer, Salz, 2 Eßlöffel Mehl, 1 Ei, 4 Eßlöffel Semmelbrösel, Fett zum Ausbacken, Zitronen

In allen einheimischen Metzgereien kann man gekochtes Euter kaufen, jedoch ist es auch ohne besondere Mühen selbst vorzubereiten: in Salzwasser mit Suppengrün das gewaschene und gewässerte Euter 2 Stunden kochen und im Sud erkalten lassen. Die nicht zu dicken Scheiben leicht pfeffern und salzen, mit Mehl, Ei und Semmelbröseln panieren und im Fettopf goldbraun backen. Mit Zitronenvierteln und Salat servieren.
Es klingt auf Anhieb nicht besonders einladend – tatsächlich aber schmeckt Euter besonders gut.

Eigene Rezepte & Notizen:

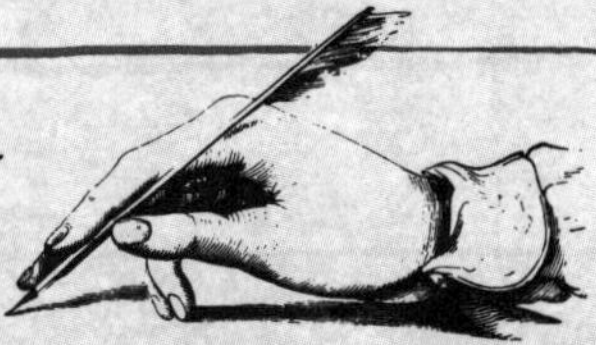

Suppen

Von alters her spielen Suppen - gleich welcher Art - eine bedeutende Rolle in der bayerischen Küche. So hat es nicht nur sonntags als Auftakt eines festlichen Essens die gute Rindssuppe gegeben. Nein, fast jede Mittagsmahlzeit beginnt mit einer Suppe und in früheren Zeiten bestand auch die „Vormess", die erste Morgenmahlzeit, aus einer Suppe.
Meistens war es die Brennsuppe, heute als Arme-Leute-Kost beiseite geschoben: „... er ist auf der Brennsuppn daherg'schwommen", bezeichnet einen sozialen Status. Da loben die Bayern doch die Rindssuppe, die, mit vielen Einlagen, mit großen Leberknödeln darin sogar auf Hochzeiten den Auftakt des Festessens bildet. Ein schöner Brauch war es früher, daß vor dem Auftragen der Suppe die Braut zu der Köchin in die Küche kam und das Abschmecken selbst vornahm. Dazu reichte ihr die Köchin einen Teller mit Salz. War die Suppe gut, so steckte die Braut einen Taler ins Salz.

Brennsuppe

Bekannt als wärmende und sättigende Morgenmahlzeit früherer Zeiten, ist sie heute zum Schimpfwort geworden. Der oben schon zitierte Satz „... er ist auf der Brennsuppn daherg'schwommen" bedeutet soviel wie: „In kleinen Verhältnissen aufgewachsen, ist er heute zwar etwas geworden - er ist aber auch hochnäsig und arrogant."

Suppe: 65 g Schmalz, 1 feingehackte Zwiebel, 1 Teelöffel Kümmel, 65 g Mehl, 2 l Wasser, 1 gute Prise Salz
Einlage: in Schmalz geröstete Semmelscheibchen

Für die Suppe das Schmalz in einer Kasserolle erhitzen. Darin die feingehackte Zwiebel und den zerstoßenen Kümmel kurz anrösten. Das Mehl hinzugeben und alles hell anbräunen. Mit Wasser ablöschen und das Ganze zu einer glatten Suppe verschlagen. Mit Salz abschmecken.
In tiefe Suppenteller die in Schmalz gerösteten Semmelscheiben legen und diese mit der Brennsuppe übergießen.
Tip: Bei allem Respekt vor der Tradition – wenn Sie die Suppe heute noch kochen wollen, dann nehmen Sie zum Rösten halb Schmalz, halb durchwachsene, geräucherte Wammerlstückchen. Zum Ablöschen, damit die Suppe gehaltvoller wird, empfiehlt sich statt Wasser eine kräftige Brühe. So schmeckt die Suppe auch heute wieder.

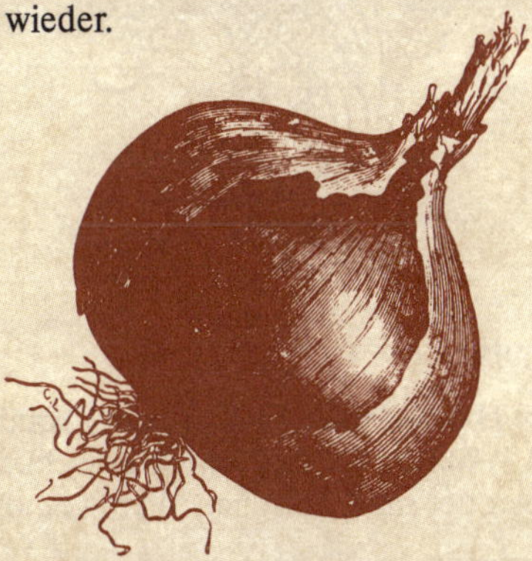

Rumfordsuppe

Benjamin Thompson (1753-1814), amerikanischer Physiker und Politiker, der sich durch Forschungen auf dem Gebiet der mechanischen Wärmeäquivalenz und

das Verfassen anderer grundlegender Beiträge zur mechanischen Wärmetheorie einen Namen machte, floh während des Unabhängigkeitskrieges nach Europa und trat als wirtschaftlicher und militärischer Berater in die Dienste des Kurfürsten Karl Theodor von der Pfalz ein.
Er legte den Englischen Garten in München an und führte die Kartoffel als Volksnahrungsmittel in Bayern ein. Dafür wurde er vom Kurfürsten zum Grafen Rumford geadelt und mit großen Reichtümern beschenkt. Rumfords Ziel war es, den Menschen zu helfen und die Armut in der Welt zu lindern. So ließ er z.B. eine kräftige Suppe kochen und verteilte sie kostenlos an die Armen der Stadt; die Suppe wurde nach ihm benannt.

125 g getrocknete Erbsen, 1 1/2 l Wasser zum Einweichen, 80 g Speck, 1 Zwiebel, 2 Bund Suppengrün, 60 g Gerstengrütze, 1 große Kartoffel, Salz, Petersilie

Die gewaschenen Erbsen über Nacht einweichen und in diesem Wasser weich kochen. Den gewürfelten Speck in einem Topf auslassen und darin die gehackte Zwiebel, das zerkleinerte Suppengrün und die gewaschene und abgetropfte Grütze anbraten. Die Erbsen abtropfen lassen mit dem Sud die Grütze aufgießen, etwas salzen und nach 15 Minuten die gewürfelte Kartoffel dazugeben. Inzwischen die Erbsen durch ein Sieb streichen, mit dieser Masse die Suppe andicken. Wenn die Kartoffel gar ist, nochmals abschmecken. Mit Petersilie bestreut servieren.

Kräutlsuppe

„Kräutl" nennen die Münchner liebevoll den Kerbel. Am Gründonnerstag findet man ihn in jedem Laden, denn für diesen Tag ist die Kräutlsuppe **das** traditionelle Mittagessen. Früher mußte sie mit neun Kräutern zubereitet sein: Brunnenkresse, Brennesseln, Erdbeerblätter, Gänseblümchen, Kuhblume, Rapunzel, Sauerampfer, Schafgarbe und Kerbel. Sie sollten vor Hals- und Zahnweh schützen. In der Fastenzeit wird die Kräutlsuppe ohne Fleischbrühe zubereitet und auch nicht mit Rahm verfeinert.

40 g Pflanzenfett, 1/2 Zwiebel, 2 Eßlöffel Mehl, 150 g Kerbel, 1 1/4 l Wasser oder Rindssuppe, Pfeffer, Salz

Im Fett die feingehackte Zwiebel leicht anlaufen lassen, dann mit dem Mehl bestäuben, goldgelb rösten und 1/3 des feingehackten, von den Stielen befreiten und gewaschenen Kerbels dazugeben. Mit Wasser aufgießen, glattrühren und etwa 30 Minuten köcheln lassen. Dann den Rest des Kerbels zufügen, nicht mehr kochen und mit Pfeffer und Salz abschmecken. Man kann die Suppe mit Sahne, Ei oder auch einem Schuß Weißwein verbessern.

Panadlsuppe

3 alte Semmeln, 1 Zwiebel, 40 g Butter, Pfeffer, Salz, 1 1/2 l Fleischbrühe, 4 Eßlöffel saure Sahne, 1 Ei, Petersilie

Die Semmeln in Scheiben schneiden, kurz in Wasser

tauchen und auf einer trockenen Unterlage durchziehen lassen. Mit der feingehackten Zwiebel in der Butter andünsten und mit Fleischbrühe aufgießen.
5 Minuten kochen, mit Pfeffer und Salz abschmekken. Zum Schluß das mit Sahne verklepperte Ei einrühren. Mit Petersilie bestreut servieren.

Milzsuppe

250 g Milz, 1 Zwiebel, 40 g Butter, 40 g Mehl, 1 1/2 l Fleischbrühe, 1 Eßlöffel gehackte Petersilie, Pfeffer, Salz

Die Milz durch den Fleischwolf drehen (früher wurde sie geschabt) und mit der feingehackten Zwiebel in der Butter andünsten. Mit Mehl bestäuben, hellbraun braten und mit der Fleischbrühe langsam aufgießen. Gut durchrühren und 30 Minuten kochen. Mit Petersilie, Pfeffer und Salz abschmecken.

Mettensuppe

Vor Weihnachten waren früher strenge Fasttage angesetzt, da gab es pro Tag allenfalls einen Apfel zu essen. Aber an den Weihnachtstagen und bis hin zum Neuen Jahr wurde gut gespeist.
Am 21. Dezember, dem Sankt-Thomas-Tag, war es üblich, die sogenannte Mettensau zu schlachten und zu verarbeiten. Die Kochbrühe der Würste, die Metzelsuppe, wurde bis zum Heiligen Abend für den Zeitpunkt nach der Christmette aufbewahrt. Die Hausfrau backte frisches Brot und nahm es mit zur

Kirche, damit es gesegnet wurde. Dieses geweihte Brot brockte man nach der Mette in die Suppe: Die Mettensuppe war also eine vom katholischen Glaubensleben und vom religiösen Brauchtum geprägte Speise.

1 1/2 l Wurstbrühe vom Schlachten, 250 g Bratwurstklößchen, Restfleisch vom Schlachten, gebähte Weckschnitten

Die Wurstbrühe erhitzen und die Bratwurstklößchen darin ziehen lassen. Die gebähten Weckschnitten in die Teller legen und mit der Suppe übergießen. Können Sie sich vorstellen, wie wohltuend und wärmend solch eine Suppe nach einer langen Fastenzeit war, nach einer ausgedehnten Christmette, oft noch verbunden mit einem weiten Kirchgang durch die kalte Winterlandschaft?

Leberknödelsuppe

4 alte Semmeln, 1/8 l lauwarme Milch, 250 g Rindsleber, 1 Zwiebel, 1 Bund Petersilie, 30 g Butter, 2 Eier, Majoran, Pfeffer, Salz, 1 l Fleischbrühe, Schnittlauch

Die Semmeln in dünne Scheiben schneiden und mit der Milch übergießen. Die Leber (oft nimmt man 200 g Leber und 50 g Milz) durch den Fleischwolf drehen. Zwiebel und Petersilie fein hacken und in der Butter etwas anlaufen lassen. Alles mit den Eiern zusammen zu einem Teig verarbeiten, mit den Gewürzen abschmecken, zu vier großen Knödeln formen und in der leise siedenden Fleischbrühe gut 20

Minuten garen. In jeden Teller einen großen Knödel legen, mit Suppe übergießen und mit Schnittlauch bestreut servieren.

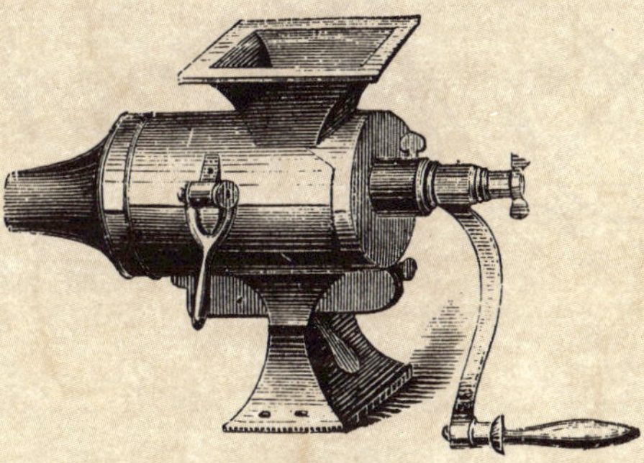

Biersuppe

2 Eidotter, 60 g Zucker, 1 Eßlöffel Speisestärke, 3/4 l dunkles Bier, je 1 Stückchen Zitronenschale, Zimt, Pfeffer, Salz, 4 Eßlöffel Rahm

Die Dotter mit Zucker und der Speisestärke dick schaumig schlagen und das erhitzte Bier nach und nach hineinrühren. Mit der Zitronenschale und etwas Zimt langsam unter ständigem Schlagen erhitzen, aber nicht kochen. Mit wenig Pfeffer und Salz vorsichtig abschmecken. Wenn die Suppe stark aufgehend dick zu werden beginnt, vom Feuer nehmen und in Teller verteilen - erst zum Schluß in jeden Teller einen Löffel Rahm mit einer kurzen Drehung unterziehen. Heiß oder kalt servieren.

Eigene Rezepte & Notizen:

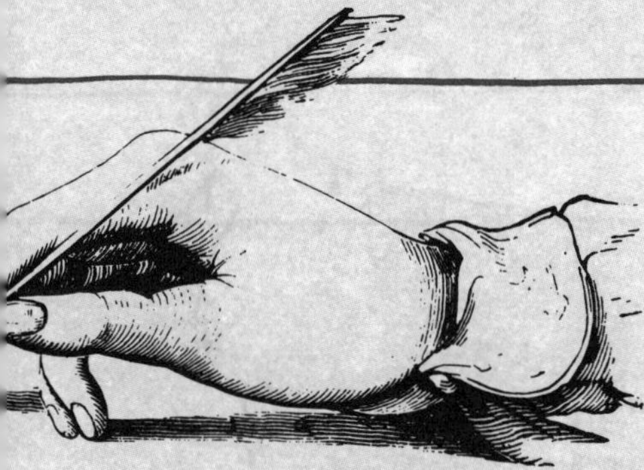

Fleischgerichte

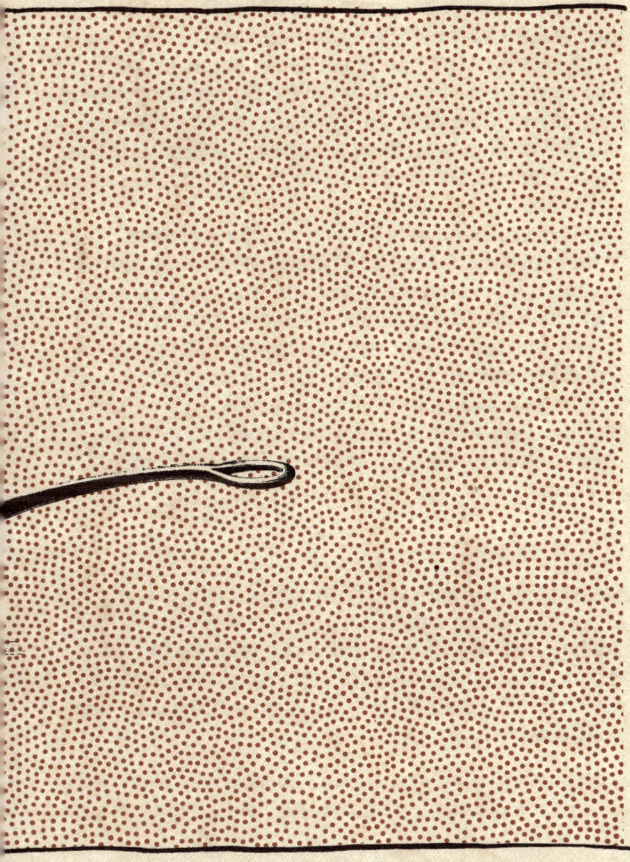

„Fleisch ist ein leckeres Gemüse", sagen die Westfalen, und die Bayern finden: „De Erdäpfel san erst guat, wenns vorher d'Säu g'fressen ham."
Nach diesem Motto zu leben, ist eine nahrhafte Lebensweisheit. Fleisch, vor allem Schweinernes, geht den Bayern über alles. So eine saftige Schweinshaxe mit Rotkraut gehört einfach sonntags auf den Mittagstisch. Und ein Spanferkel gehört zur Hochzeit - das steht fest.
Den unvergleichlichen Geschmack bayerischen Wirtshausbratens wird man zu Hause nur schwer erhalten. Dort braten nämlich die verschiedenen Fleischstücke (Rinderbraten, Schweinsbraten, Kalbsbraten und auch Geflügel) in derselben Rein und bilden eine gemeinsame Sauce. Diese Geschmacksverbindung kann ansonsten höchstens dadurch annähernd erzielt werden, daß man verschiedene Fette mischt oder etwa zu Kalbsbraten Schweineschmalz nimmt.

Schweinshaxn

Selbst in München kann man sich streiten, wie die Haxn am besten zubereitet werden: Soll man sie erst kochen und dann braten, oder soll man sie nur braten? Jede Methode hat ihre Anhänger; vielleicht ist die erste besser für Kalbshaxn, die zweite besser für Schweinshaxn geeignet.

2 hintere Schweinshaxn, 2 Bund Suppengrün, 60 g Schmalz, 1 Zwiebel, 2 Tomaten, Pfeffer, Salz, Salzwasser oder Bier

In einer Rein das Schmalz zergehen lassen, das grobgehackte Suppengrün, die geviertelte Zwiebel und die Tomaten darin verteilen. Die gut mit Pfeffer und Salz eingeriebenen Schweinshaxn darauflegen (die Schwarte am besten würfelig einschneiden). Bei mittlerer Hitze unter öfterem Wenden und Begießen – erst mit Wasser, später mit Bratenfond – etwa 2 Stunden rundum braun braten. Zum Schluß die Rein auf den Rost stellen und die Haxn mit etwas kaltem Salzwasser oder Bier begießen. Die Tür des Ofens einen Spalt weit öffnen und die Haxn knusprig-trocken werden lassen.

Kronfleisch

Kronfleisch nennt man in Bayern das Fleisch des Zwerchfells. Beim Kochen kräuselt es sich wie eine Krone. Es wird als Schmankerl, als Voressen oder als Hauptgericht serviert.

1 kg Kronfleisch, 1 1/4 l Fleischbrühe, 1 Bund Suppengrün, Pfeffer, Salz, Schnittlauch, frischer Meerrettich

Das Kronfleisch gut waschen und von allen Häuten befreien. In die kochende, mit Suppengrün angereicherte Fleischbrühe legen und je nach Dicke 15 bis 20 Minuten leise sieden lassen. Das Fleisch muß in der Mitte noch rosa sein. In Scheiben schneiden und auf Holztellern anrichten. Leicht salzen und pfeffern, mit Schnittlauch bestreuen und 1/2 Suppenlöffel voll Fleischbrühe darübergießen. Mit frisch geriebenem Meerrettich und gutem Sauerteigbrot essen.

Spanferkel

Spanferkel wird zubereitet wie Schweinsbraten. Die Garzeit beträgt etwa 1 Stunde pro kg im heißen Ofen. Man legt es auf den Rost und begießt es mit dem Bratensaft, der vom Fleisch in die darunter aufgestellte, mit angebratenem Gemüse gefüllte Auffangschale tropft. Zum Schluß begießt man es mit etwas Bier. Spanferkel wird mit Kartoffelknödeln und Speckkrautsalat gegessen.

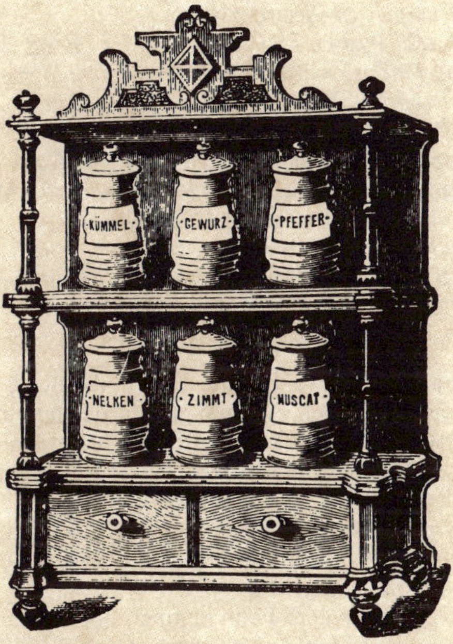

Bifflamott

Der Name ist eine bayerische Verstümmelung des französischen Begriffs „Boeuf à la mode“. Das Gericht gehört zu den beliebtesten Sonntagsbraten. Da es aber so zeitaufwendig ist, wird es vielfach vom Sauerbraten verdrängt. Früher war Bifflamott obligatorisch zu Hochzeitsfestessen.

2 kg Rundfleisch (Schwanzstück)
Beize: 1/2 l Wasser, 1/2 l roter Wein, 1/4 l Essig, 2 gelbe Rüben, 1 dicke Zwiebel, 8 Nelken, 6 Wacholderbeeren, 8 Pfefferkörner, 2 Porreestangen, 1 Petersilwurzel
Zum Braten: 50 g Schmalz, 100 g in Streifen geschnittener Speck, 4 Markknochen vom Rind oder Kalb, Beizflüssigkeit, 1 Stück angebräunte Brotrinde, 40 g Mehl, 1 gehäufter Eßlöffel Zucker, 1/2 Tasse Rotwein
Außerdem zum Würzen: je 1 Eßlöffel gehackte Kräuter, wie z.B.: Dill, Estragon, Petersilkraut, Schnittlauch, Selleriekraut, Liebstöckel (Maggikraut), Wacholderbeeren, Salbei, Thymian, etwas Salz und Pfeffer

Das Fleisch für zwei bis drei Tage in die Beize legen und täglich wenden. Danach gut abtrocknen und mit Speckstreifen spicken. In Schmalz mit den Knochen rundum anbraten und würzen. Etwas Beizflüssigkeit und das Gemüse aus der Beize zugeben. Gut 2 Stunden lang schmoren. Dabei ab und zu etwas Flüssigkeit nachgießen. Zum Schluß die in Schmalz angeröstete Brotrinde zugeben.
Das Fleisch aus dem Fond nehmen und diesen dann passieren, mit Mehl andicken sowie mit Rotwein und Zucker abschmecken.
Das Fleisch in Scheiben schneiden, nochmals für 15 Minuten in die Sauce legen und darin warm halten. Dazu gibt es Semmelknödel.

Schlachtschüssel

Außerordentlich wichtig ist in Oberbayern die

Schlachtplatte. Jede namhafte Speisegaststätte führt sie im Winter (manchmal auch im Sommer) wenigstens einmal pro Woche.

1 kg Sauerkraut, 75 g Schweineschmalz, 2 Lorbeerblätter,
4 Wacholderbeeren, 1/2 Zwiebel, Pfeffer, Salz
300 g Schweineschulter, 300 g frisches Wammerl, je
4 Leber- und Blutwürste, 1 Schweinszüngerl

Das Kraut mit den Zutaten und etwas Wasser aufsetzen, Schulter und Wammerl darauflegen, zudecken und mindestens 1 Stunde leise köcheln lassen. Das Züngerl in gesalzenem Essigwasser 1 Stunde kochen, dann abziehen. Die Blut- und Leberwürste (an denen viel Majoran sein muß) in heißem Wasser ziehen lassen. Das Kraut auf einer großen Schüssel anrichten, das in Stücke geschnittene Fleisch, das in Scheiben geschnittene Züngerl und die Würste darauflegen und mit Kartoffelpüree, Fingernudeln oder Salzkartoffeln auftragen.

Eigene Rezepte & Notizen:

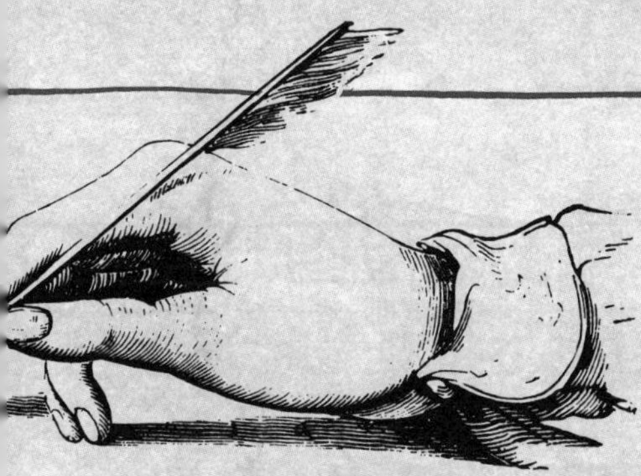

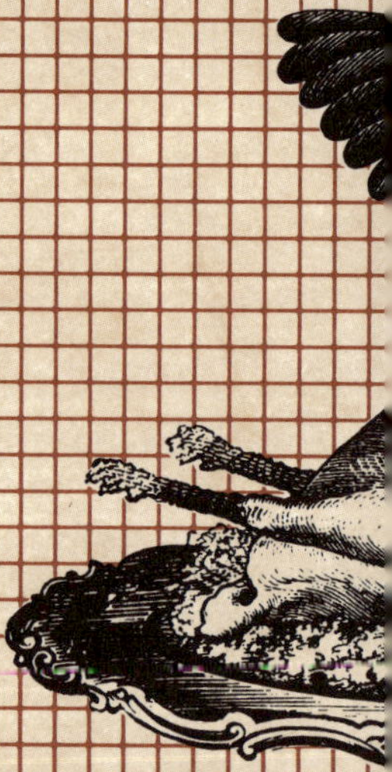

Wild und Geflügel

a) Wild

Riesige Wälder, Staatsforste und Triften bilden seit eh und je dem Wild ein herrliches Domizil. Und wie reichhaltig diese Jagdgebiete sind, erzählen viele Geschichten und Berichte, die sich um das Jagen ranken.
Dabei geht es nicht nur um das Wild selbst und um die Jagdbeute als willkommene, preiswerte Mahlzeit, sondern auch um Sport und Brauchtum.
Die Wälder und Forste sind reich bevölkert von Wild jeder Art. Mancher Jagdherr rechnet es sich zur Ehre an, Gäste zur Jagd und zum anschließenden „Schlüsseltreiben“ einzuladen. Jeder Bürger kann einen Jagdschein erwerben. Von den vielen möglichen Gerichten sei hier nur der Gamsbraten genannt. Die Gams erklettert die schwindelnden Höhen der Berge und verlangt dem Jäger eine große sportliche Leistung ab. Daher ist auch ein stattlicher Gamsbart am grünen Hut sein ganzer Stolz.

Gamsbraten

2 kg Gamsbraten (Schlegel, Rücken), 125 g rohes geräuchertes Wammerl, 40 g Schmalz, 3 Bund Suppengrün, 1 große Zwiebel, 4 Wacholderbeeren, 12 Pfefferkörner, 1/4 l Rotwein, Salz, 1 Knoblauchzehe, 4 Brombeerblätter, 1 Eßlöffel Tannennadeln, 1 – 2 Eßlöffel Tannenhonig, nach Belieben süßer Rahm

Den abgehangenen Gamsbraten sorgfältig von allen

Sehnen und Häuten befreien. Das Wammerl in Würfel schneiden und in dem Schmalz auslassen. Den Braten darin auf allen Seiten bei starker Hitze gut anbraten. Herausnehmen, gehacktes Suppengrün und Zwiebel sowie Wacholderbeeren und Pfefferkörner hineingeben, das Fleisch darauflegen und mit Rotwein und ebensoviel Wasser aufgießen, salzen. Unter häufigem Begießen und öfterem Wenden knapp durch, aber braun braten. Eine Viertelstunde vor Ende der Bratzeit die ungeschälte Knoblauchzehe, die

Brombeerblätter und einige Tannennadeln an die Sauce geben. Den Braten mit Tannenhonig einstreichen und im heißen Ofen glacieren. Honig in die Sauce tropfen lassen. Dann den Braten warmgestellt etwas ruhen lassen. Inzwischen die Sauce durch ein Sieb passieren. Dabei die Gemüse gut ausdrücken, die Sauce entfetten und abschmecken. Nach Belieben mit süßem Rahm verrühren. Das Fleisch aufschneiden und hübsch angeordnet mit etwas Sauce umgeben. Die übrige Sauce getrennt servieren. Als Beilage Bratkartoffeln, Kartoffelknödel und Selleriesalat, nach Belieben auch Preiselbeeren reichen.

b) Geflügel

Das ländliche Oberbayern ist auch heute noch reich an Geflügel jeder Art. Auf den abgelegenen Bauernhöfen bilden Hühner, Enten, Gänse und Truthähne eine willkommene und abwechslungsreiche Fleischmahlzeit.

Die Gans nimmt unter den Geflügelsorten eine herausragende Stellung ein. Sie wird von den Bäuerinnen auf dem Viktualienmarkt in München mit „A Ganserl, a schönes Ganserl!" lautstark angepriesen. Sie symbolisiert ein Stück Kulturgeschichte und Volksleben schlechthin. Wenn früher im Dorf der Kirchweihtag gefeiert wurde, durfte der Gänsebraten nicht fehlen. Die Kirtaglocken läuteten die Festtage ein, die Kirtafahne, Zachäus genannt, wurde aufgezogen, und für die weltliche Freude sorgte der Kirtamarkt. Verwandte und Freunde besuchten einander und bewirte-

ten sich. Da gab es Nudelsuppe, Voressen mit Knödeln, Sauerkraut, Kartoffelsalat, Kirtagans und einen süßen Tauch.
Für das leibliche Wohl der Familie und der Gäste am Nachmittag hatte die Hausfrau durch Nudelbacken (s. Rezepte S. 92) vorgesorgt. Und des Abends, nach dem Tanz, auch wohl nach Raufen und Kräftemessen, hieß es dann:

Aus is' der Kirta,
Aus is' der Tanz,
Hin san d'Monetn
Und g'fressn is' d'Gans.

Manche Bräuche sind verschwunden – aber eine schöne saftige Gans ist immer noch ein kulinarischer Höhepunkt.

Kirchweihganserl

1 mittelschwere, küchenfertig ausgenommene Gans, Salz, Pfeffer
Hefeknödel: 250 g Mehl, knapp 1/8 l Milch, 10 g Hefe, 50 g Schmalz, 1/2 Teelöffel Salz, 1/2 Teelöffel Zucker, 1 Ei, 1 geriebene Zwiebel, die abgeriebene Schale einer Zitrone, je 1/2 Teelöffel gerebbelter Majoran, Beifuß und Liebstöckel (Maggikraut), 1 Prise Muskat

Zunächst ein Dämpferl herstellen: Das Mehl in eine Schüssel sieben und in die Mitte eine Vertiefung drücken. Die Hefe in einer Tasse zerbröckeln und mit etwas lauwarmer Milch und Zucker glatt rühren, in die Vertiefung schütten und mit etwas Mehl verrüh-

ren. Gehen lassen, bis das Dämpferl doppelt so hoch ist. Dann die übrige Milch mit dem Fett leicht erwärmen. Die übrigen Zutaten am Rand auf das Mehl geben. Alles zu einem glatten, geschmeidigen, mittelfesten Teig verkneten. Mit etwas Mehl bestäuben und zugedeckt doppelt so hoch gehen lassen. Noch einmal kräftig schlagen und kneten.

Die Gans innen und außen salzen und pfeffern. Den Teigkloß locker in die Gans füllen und diese zustekken. Der Kloß darf nicht zu groß sein, damit er in der Gans Platz zum Aufgehen hat. Die Gans nun auf den Bratenrost des Backofens legen. Die Fettpfanne unterschieben. Das austretende Fett später anderweitig verwerten. Die Gans von allen Seiten schön knusprig braten. Der Hefekloß dient aufgeschnitten als Beilage zum Fleisch. Dazu servierte man früher Krautsalat oder Kartoffelsalat und Tauch (gekochtes, gemischtes Backobst).

Gesottene Gans

1 mittelschwere Gans, Salz, Pfeffer, 3 gelbe Rüben, 3 Stangen Porree, 1 Zwiebel, etwas Liebstöckel, Majoran und Beifuß, 2 l Fleischbrühe oder Wasser

Die Gans ausnehmen (das „Klein" wird zu einem Ragout, Gansjung genannt, verarbeitet) und mit Salz und Pfeffer innen und außen einreiben. Fest in eine Serviette eindrehen und diese zubinden. Das Gemüse waschen und putzen, die Kräuter waschen und verlesen. Die Brühe zum Kochen bringen und alle Zutaten mit der Gans zusammen ca. 3 Stunden lang kochen. Die Suppe passieren und mit einem Leberknödel servieren.

Die Gans zerteilen und mit Salzkartoffeln, Karfiol (Blumenkohl) oder Wirsing anrichten. Dazu kann man auch noch eine Meerrettichsauce reichen.

Eigene Rezepte & Notizen:

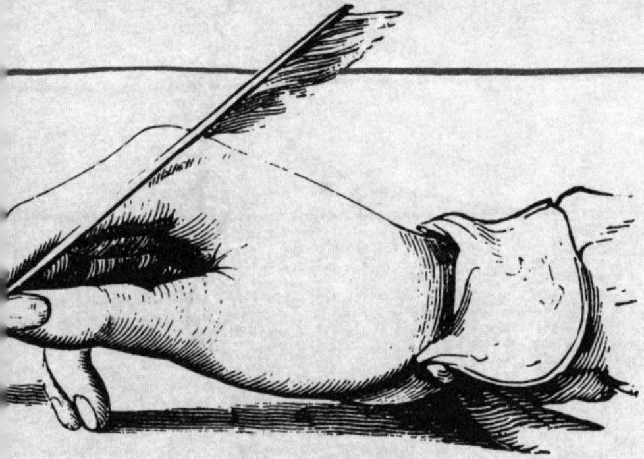

Fische

In den Flüssen und Seen Bayerns tummeln sich Fische jedweder Art und Größe. Daher sind diese Gebiete ein Eldorado für die Angler. Früher waren die Bäche und Feuchtgebiete auch noch voller Krebse, aber diese sind, wie in ganz Deutschland, durch die Verschmutzung der Gewässer ausgestorben. Sie waren früher – wie die vielen Fischarten – eine willkommene Fasten- und Freitagsspeise.
Etliche Fischarten werden heute in von Menschen unterhaltenen Gewässern gezüchtet. Wenn man von den allgemein bekannten Zubereitungsarten „blau“ und „Müllerin“ absieht, gibt es noch viele andere Fischrezepte.
Einige wenige seien hier genannt.

Steckerlfisch

Dazu verwendet man die kleinen, grätenreichen Weißfische, nimmt sie aus, salzt und pfeffert sie innen und außen. Dann sticht man „Stecken“, also schmale, glatte Holzstöcke, vom Maul her durch den Fisch und rammt sie um eine Feuerstelle herum schräg in den Boden. Ab und zu wenden, bis die Fische gar sind. Wer sie gehaltvoller mag, bestreicht sie kurz vor Ende der Bratzeit noch mit Butter.
Steckerlfische sind ein beliebter Picknickschmaus und dürfen – wie das Brathendl – am Oktoberfest auf den Wies'n nicht fehlen.

Gespickter Hecht vom Rost

1 Hecht von gut 1 kg, 80 g Spickspeck, Pfeffer, Salz, 50 g Butter

Den Hecht ausnehmen, schuppen, waschen und abtrocknen. Den ganzen Rücken entlang auf beiden Seiten bis jeweils kurz über die Hälfte des Bauches mit feinen Speckstreifen spicken. Innen und außen reichlich pfeffern und salzen. Den Rost mit Butter einstreichen, auch den Hecht zusätzlich buttern und auf beiden Seiten recht schnell hellbraun braten. Mit einer Buttersauce, mit Kartoffeln und Salat servieren.

Schill in grüner Sauce

In anderen Gegenden als Zander oder Hechtbarsch bekannt, von den Ungarn als „Fogosch“ besonders geschätzt, liebt der Schill sandige Flüsse und Seen. Er ist in Bayern ebenso beliebt wie der Hecht und wird wie er oft blau zubereitet oder gespickt.

1 großer Schill von etwa 1,2 kg
Für den Sud: 1 Eßlöffel Essig, 1/2 l trockener Weißwein, 1/4 l Wasser, 1 Zwiebel, 15 weiße Pfefferkörner, Salz
Für die Sauce: 5 Schalotten, 100 g Sauerampfer, 30 g Kerbel, 1 Bund Pimpinelle, 2 Bund Dill, 1 Zweig Estragon, 1 Bund Petersilie, 60 g Butter, 2 Teelöffel Mehl, 1/8 l süßer Rahm, 2 Eidotter, weißer Pfeffer, Salz

Den Fischsud in einem Fischkochtopf aufsetzen und 20 Minuten gut durchkochen. Vom Feuer nehmen, den ausgenommenen, geschuppten und gewaschenen Schill hineinlegen, gut zudecken und wieder erhitzen. Den Schill 15 bis 20 Minuten im Sud und im Dampf ziehen lassen (nicht kochen!). Herausnehmen, häuten, die Flossen entfernen und im 130 Grad warmen Ofen zugedeckt 20 Minuten weiter garen. Inzwischen den Sud durch ein Sieb gießen, mit einem Teig aus der Hälfte der Butter und dem Mehl verrühren und etwas einkochen. Die Schalotten und die gewaschenen Kräuter hacken und in der anderen Hälfte der Butter bei schwacher Hitze weich dünsten. Den nun etwas dicklich gewordenen Sud vom Feuer nehmen und mit den in Rahm verklepperten Dottern verrühren. Die Kräuter hineingeben, mit Pfeffer und Salz abschmecken, nochmals unter ständigem Schlagen erhitzen, bis die Sauce dicklich wird. Nicht mehr kochen. Den Schill auf einer vorgewärmten Platte anrichten und mit der Sauce bedecken. Dabei den unversehrten Kopf und den Schwanz frei lassen. Mit Salzkartoffeln und einem zarten Gemüse servieren.

Ruttenleber

Dieser häßliche, aber delikate Fisch, auch als Quappe, Aalraupe oder Trüsche bekannt, wird vor allem im Herbst und im Winter noch häufig gefangen. Seine Leber gilt als besondere Delikatesse.

2 bis 4 Ruttenlebern, 40 g Butter, 1 Messerspitze Thymian, Pfeffer, Salz, 1 Semmel, nach Belieben etwas Zitronensaft

Die gereinigten und getrockneten Lebern in sehr wenig Fett (sie geben selbst viel Fett ab) auf allen Seiten leicht und hellbraun braten, mit wenig Thymian, Pfeffer und Salz bestreuen und auf in Butter gerösteten Semmelscheiben anrichten. Nach Belieben mit Zitronensaft beträufeln.

Eigene Rezepte & Notizen:

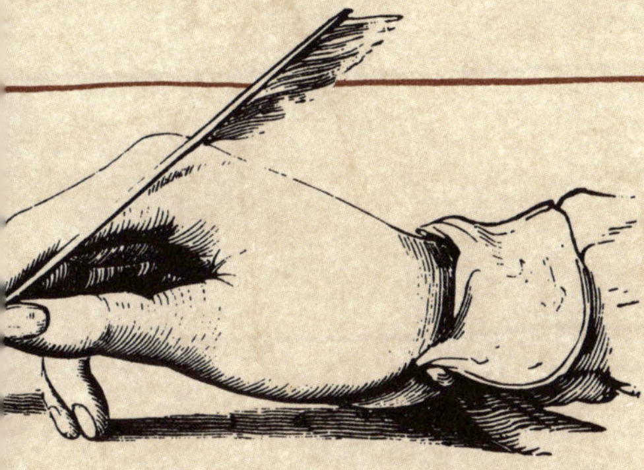

Schwammerl, Gemüse und Salate

Schwammerl

Pilze, hier Schwammerl genannt, bieten die Wälder und Wiesen Bayerns in Hülle und Fülle. Da gibt es Schirmlinge, Marauchen, Reherl (Pfifferlinge), Steinpilze, Maronen, Rotkappen, Birkenpilze, Egerlinge (Champignons) und Korallen; alle Sorten können hier nicht aufgezählt werden. Sie sind aber in jedem guten Pilzführer beschrieben!
Zubereitet werden sie durchweg auf die gleiche Art – der Geschmack jeder Sorte ist natürlich individuell mal mehr, mal weniger würzig; er sollte sich auch nach dem Kochen noch behaupten.
Die Pilze putzen und säubern. In heißem Fett mit oder ohne Speck- und Zwiebelwürfel dünsten. Wenn man sie überbacken will, gibt man sie nach dem Braten in eine mit Butter ausgefettete feuerfeste Form, gießt etwas Rahm an, streut Paniermehl darüber, setzt Butterflöckchen auf und läßt das Ganze schön goldgelb backen. Mit gehackter Petersilie oder mit Mischkräutern bestreut, schmecken diese Pilze besonders gut zu Wild oder – als einfaches Gericht – zu Bratkartoffeln. Häufig werden die geschmorten Pilze auch in einen Eierteig – quasi als Omelette – eingebacken.

Sauerampfer

750 g Sauerampfer, 60 g Butter, 2 hartgekochte Eidotter, Muskatnuß, Pfeffer, Salz, 1/8 l süßer Rahm

Den Sauerampfer gut waschen, alle Stiele und dicken

Blattrippen entfernen. Mit kochendem Wasser begießen, damit er zusammenfällt. In der zerlassenen Butter wenden und kurz aufkochen lassen. Die Eidotter zerdrücken und dazumengen, würzen und mit Rahm vermischen.

Bierkraut

1 „Häuptl" Kraut (Weißkohl), 100 g Wammerl, 2 Zwiebeln, Salz, 1/2 Teelöffel Kümmel, Pfeffer, 1 Prise Zucker, 1 Tasse Wasser, 2 Tassen Bier, etwas Mehl, Essig

Das Weißkraut fein schaben. Das Wammerl und die Zwiebeln würfeln. In einer Kasserolle das Kraut mit dem Wammerl und den Zwiebelwürfeln anbraten, würzen und mit Wasser ablöschen. Kurz aufkochen lassen, dann das Bier zugeben und alles zusammen gar dämpfen. Wenn nötig, noch Bier nachgießen. Mit etwas gestäubtem Mehl binden und mit Essig süßsäuerlich abschmecken.

Hopfensprossen

500 g Hopfensprossen (Hopfenspargel), Salz, 20 g Butter, 1 Eßlöffel gehackte Zwiebel, 1 Eßlöffel Mehl, 1/4 l Fleischbrühe, Pfeffer, Petersilie

Von den Hopfensprossen alles Hölzerne abschneiden, waschen, in kochendem Salzwasser 2 Minuten blanchieren und abtropfen lassen. In der Butter die Zwiebel etwas andünsten, mit Mehl bestäuben und gut verrühren. Fleischbrühe aufgießen, abschmecken und gut durchkochen. Die Hopfensprossen in die Sauce geben und darin fertig kochen; mit Pfeffer und Petersilie würzen und nach Belieben mit Rahm und Eidotter verfeinern.

Hopfenspitzensalat

Für diesen Salat benötigt man die jungen April- und Maitriebe der Hopfenpflanze. Jede Pflanze hat etwa 10 – 12 Triebe, aber der Hopfenbauer läßt nur einen Trieb stehen, den er dann zum Hochwachsen an

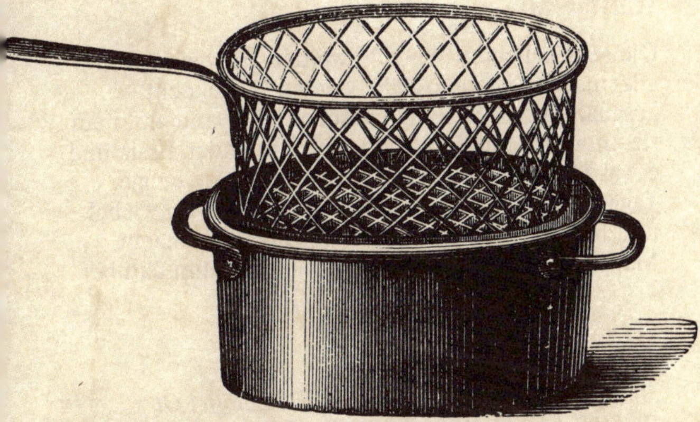

einen Draht bindet.Da die übrigen Triebe dabei abfallen, bereitet man aus ihnen wohlschmeckende Gerichte, die einen spargelähnlichen Geschmack haben. Deshalb nennen viele Leute die Spitzen auch Hopfenspargel.

1 kg Hopfenspitzen, Salzwasser
Marinade: Öl, Essig, Salz, etwas Kochwasser, Zucker, je nach Geschmack Schnittlauch, Petersilie oder Kerbel

Die jungen Triebe verlesen, die harten Teile abschneiden. In Salzwasser garen und abtropfen lassen. Aus Öl, Essig, etwas Kochwasser, Kräutern und Gewürzen eine Sauce anfertigen und darin die Spitzen etwa 1 Stunde lang marinieren.
Dann aus der Marinade nehmen und „trocken" servieren.

Ranensalat

Die sehr beliebten Wurzeln werden auf viele Arten angemacht. In jedem Falle werden sie gekocht, geschält und in Scheiben geschnitten. Dann gibt man sie entweder mit Salz, Kümmel, Koriander, Essig und etwas Öl in einen Steinguttopf und läßt sie einige Tage ziehen, oder sie werden mit Essig, Öl, Zwiebel und Meerrettich oder Kümmel sofort angemacht. Manchmal gießt man noch 2 Eßlöffel Rahm darüber.

Weißkrautsalat

500 g Weißkraut, 80 g Wammerl, 1/2 Eßlöffel Öl, 2 Eßlöffel Essig, Kümmel, Pfeffer, Salz

Vom Weißkraut die äußeren Blätter und die Strünke entfernen und die Blätter in feine Streifen schneiden. Entweder in kochendes Salzwasser geben und ganz kurz blanchieren oder mit Salz bestreuen und über Nacht beschwert kühl stellen. In jedem Falle gut abtropfen lassen und ausdrücken. Das würfelig geschnittene Wammerl in wenig Öl anbraten und über den mit Essig, Kümmel und Pfeffer gewendeten Salat gießen.

Eigene Rezepte & Notizen:

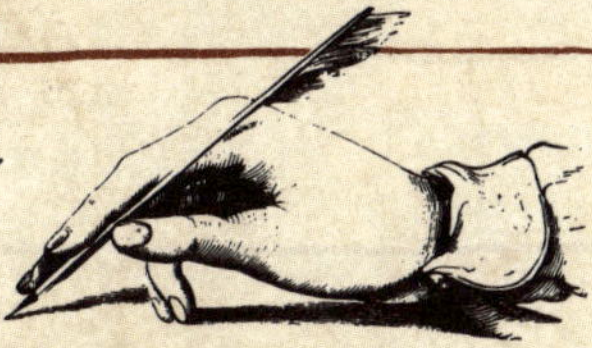

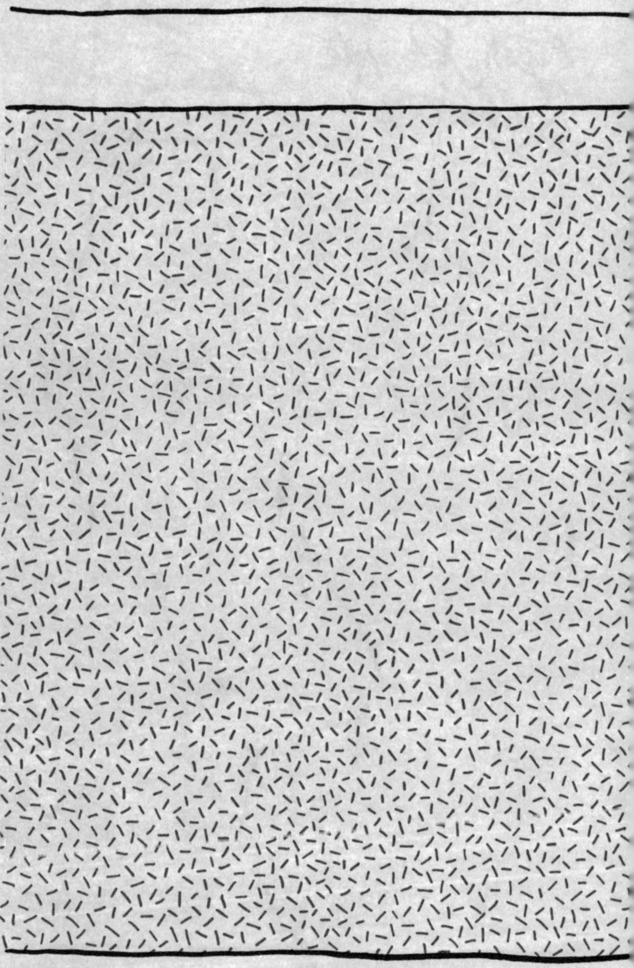

Beilagen

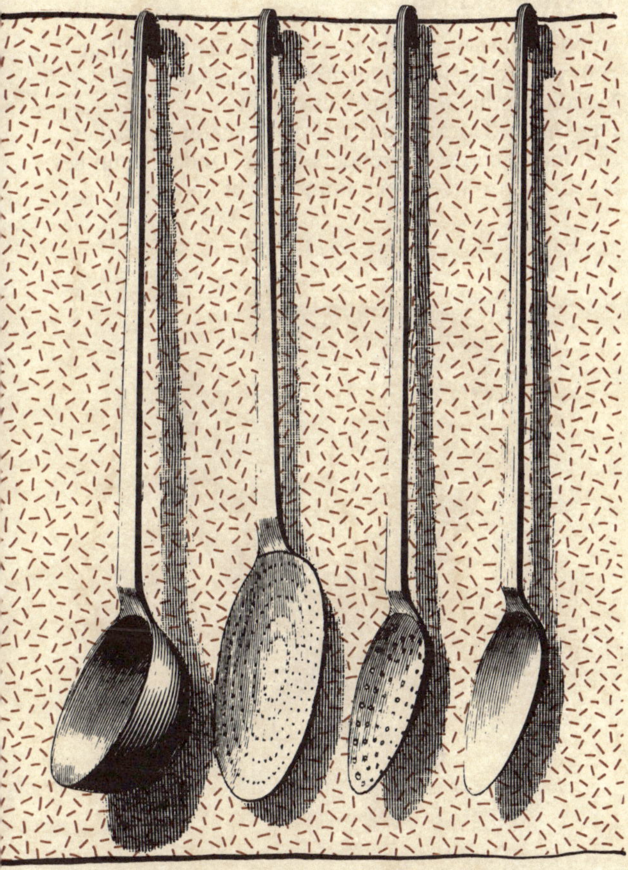

Hochzeitsknödel

Knödel sind seit eh und je in Bayern **die** Festbeilage zum großen Braten schlechthin. Zahllos sind die Variationen in Geschmack und Form.
Der Name „Hochzeitsknödel" zeigt schon an, daß es sich hier um etwas besonders Gutes handelt, denn bei Hochzeiten geht es doch immer recht üppig zu.

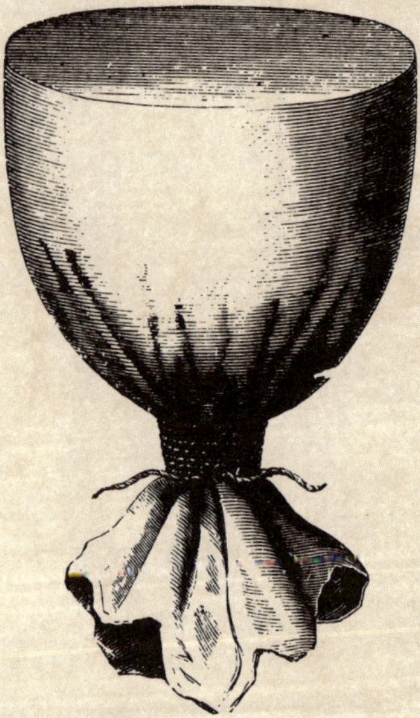

Für einen Knödel benötigt man:
50 g Butterschmalz, 4 Eier, Salz und Muskat nach Geschmack, 150 g Wammerl, 150 g geriebenen Käse, 150 g Sauerkraut, 6 kleinwürfelig geschnittene Semmeln

Butterschmalz und Eier schaumig rühren. Mit Salz und Muskat pikant abschmecken. Dazu das in Würfel geschnittene Wammerl, den geriebenen Käse, das Sauerkraut (klein schneiden) und die Semmelwürfel geben.
Gut durchkneten und quellen lassen. Danach den Kloß in eine Serviette knoten und 30 Minuten lang in Salzwasser garen. In Scheiben schneiden und zu Braten, Enten- oder Wildgerichten auftragen.

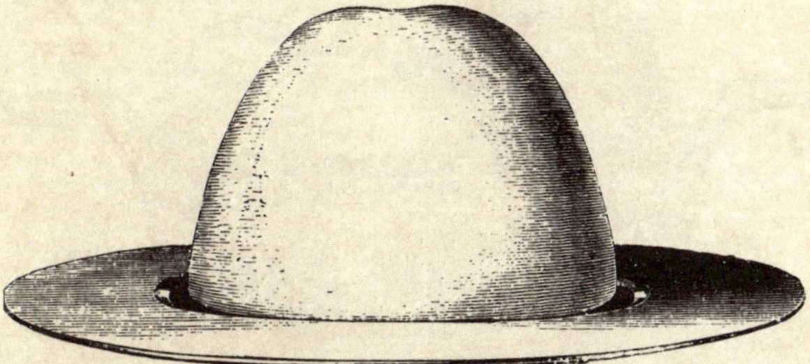

Räuberknödel

1 kg Kartoffeln, 2 Semmeln, 20 g Butter, 1/8 l Milch, 250 g Mehl, 2 Eier, Salz, Pfeffer
Garnitur: 30 g Butter, 1 große Zwiebel

Die Kartoffeln schälen und reiben. In kaltem Wasser öfters auswaschen, bis das Wasser nicht mehr trüb wird. Die Semmeln würfeln, die Hälfte in Butter anrösten, die andere Hälfte mit kochender Milch übergießen. Beides abkühlen lassen, mit den gut ausgepreßten Kartoffeln vermischen und mit Mehl, Eiern, Pfeffer und Salz vermengen. Probeknödel formen und kochen. Ist er gut, mit bemehlten Händen Knödel drehen und in kochendes Salzwasser legen. 30 Minuten leise sieden lassen, mit in Butter gerösteten Zwiebelwürfelchen begießen und servieren.

Semmelknödel

500 g Knödelbrot, 1/4 l Milch, 1 Zwiebel, 1 Bund Petersilie, 40 g Butter, 3 Eier, Pfeffer, Salz

Überall in München und Umgebung gibt es Knödelbrot zu kaufen – feingeschnittene alte Semmeln. Natürlich kann man auch Semmeln vom Vortag abreiben und in feine Scheiben schneiden. Das Knödelbrot mit der lauwarmen Milch begießen. Die Zwiebel und Petersilie hacken, in Butter kurz andünsten und mit den Eiern zum Knödelbrot rühren. Würzen, nicht zu heftig durcheinandermischen und ruhen lassen. Mit nassen Händen Knödel formen, die etwa 20 Minuten in leise siedendem Salzwasser verbleiben. Häufig gibt man in die Knödelmasse auch ein wenig feingehackten, gekochten Schinken.

Bauchstecherl

500 g gekochte Kartoffeln, 80 g Mehl, 1 Ei, Salz, Butterschmalz zum Ausbacken

Die Kartoffeln reiben oder durchpressen, mit Mehl, Ei und Salz verkneten und zeigefingergroße Nudeln daraus rollen. In der Pfanne in heißem Butterschmalz auf allen Seiten goldbraun backen.
Bauchstecherl sind in München zu Krautspeisen beliebt.

Eigene Rezepte & Notizen:

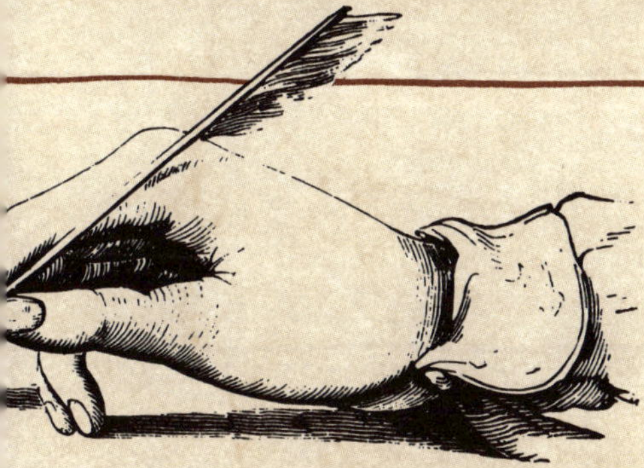

N

Mehlspeisen,
hspeisen und Schmalzgebäck

a) Mehlspeisen

Heiß geliebt und heiß gegessen, so werden sie als Nachspeise wie auch als Hauptgericht serviert.
Da Oberbayern reich an Vieh ist, mangelt es nicht an Eiern und Milch, an Butter und Schmalz. Wen wundert es da, daß die Hausfrauen mit viel Geschick durch süße oder knusprige Mehlspeisen die strengen Fastengebote der Kirche gar köstlich zu umgehen wußten?

Dampfnudeln

25 g Hefe, 1/4 l Milch, 500 g Mehl, 1 Ei, 50 g Butter, 1 Prise Salz, Milch, 20 bis 30 g Butter, nach Belieben etwas Zucker

Zunächst ein Dämpferl (Vorteig) machen: die Hefe in der lauwarmen Milch lösen; das Mehl in eine vorgewärmte Schüssel geben, in der Mitte eine Vertiefung machen, das Dämpferl hineingeben, mit etwas Mehl verrühren und gehen lassen. Nach gut 20 Minuten das Ei, die restliche lauwarme Milch, die weiche Butter und eine Prise Salz zugeben und alles zusammenmengen. Den Teig so lange abschlagen bzw. mit dem Mixer durcharbeiten, bis er sich von der Schüssel löst und Blasen wirft. Mit einem Tuch zudecken, warm stellen und wieder gehen lassen. Dann gut eigroße Nudeln abstechen, nur leicht kneten bzw. formen und auf ein bemehltes Blech setzen. Erneut zudecken und 1/4 Stunde gehen lassen. Einen flachen

Topf mit dickem Boden und gut schließendem Deckel (besonders wichtig für ein gutes Gelingen!) etwa 1 1/2 bis 2 cm hoch mit lauwarmer Milch füllen. Die zerlassene Butter dazugeben (nach Belieben auch etwas Zucker beimischen). Die Nudeln nebeneinander hineinsetzen, ohne daß sie sich berühren. Nochmals 10 Minuten gehen lassen, zudecken und bei mittlerer Hitze zum Kochen bringen. Erst weiter bei mittlerer Hitze, nach 10 Minuten bei schwächerer Hitze 30

Minuten leise kochen lassen. Wenn sich mit singenden Geräuschen am Boden die Kruste zu bilden beginnt, die Elektroplatte ausschalten und mit der Restwärme fertiggaren – beim Gasherd eine Asbestplatte verwenden! Die Nudeln müssen jetzt alle Flüssigkeit aufgesogen haben. Aber nicht hineinschauen! Überhaupt darf während des Garens der Deckel auf keinen Fall geöffnet werden, sonst fallen die Nudeln zusammen. Sind die Nudeln fertig, den Deckel vorsichtig abnehmen, damit kein Kondenswasser abtropft. Die Nudeln abstechen und umgekehrt auf einer Platte anrichten. Dampfnudeln werden mit süßem Tauch (gekochtes, gemischtes Backobst) serviert.

Rohrnudeln

Hefeteig nach dem Rezept für Dampfnudeln, 100 g Butter

Aus dem fertigen Hefeteig Nudeln abstechen, in zerlassener Butter wenden und nebeneinander in die Rein setzen. Etwas gehen lassen und im Ofen bei mittlerer Hitze 30 bis 40 Minuten backen (die Ofentüre nicht öffnen!). Die fertigen Nudeln herausnehmen, abstechen und warm wie die Dampfnudeln oder kalt mit Puderzucker bestreut essen.

Schmarrn

Der Name Schmarrn stammt von „Schmärr“. Das

hieß im Mittelalter soviel wie Brei – ein Brei aus Mehl, Grießmehl oder Brot, vermengt mit Milch, Topfen oder Obst. Er wurde – wie heute – in der Pfanne gebacken. Somit ist Schmarrn also eine der ältesten Mehlspeisen überhaupt.

300 g Mehl, 1/2 l Milch, 4 Eier, 1 Prise Salz und 1 Eßlöffel Zucker, Butter zum Backen

Alle Zutaten zu einem dickflüssigen Pfannkuchenteig verschlagen. 1/2 Stunde lang quellen lassen. Danach die Butter in einer Pfanne erhitzen und den ganzen Teig auf einmal in die Pfanne gießen. Von unten gut anbräunen lassen. Dann mit einer Backschaufel in große Stücke zerreißen. Diese wenden und so lange braten, bis sie von allen Seiten schön braun sind. Wenn nötig, noch einmal einen Stich Butter zugeben. Mit Puderzucker bestreut sofort servieren. Dazu ißt man Kompott oder frische, gezuckerte Beeren.

Wickelmus

Wickelmus ist eine Art aufgerollter gefüllter Schmarrn. In manchen Ortschaften Oberbayerns sagt man nämlich nicht „Schmarrn", sondern „Muas". Hier ein altüberliefertes Bauernrezept:

1 l Milch, 80 g Mehl, 1 Messerspitze Salz, 1 Teelöffel Zukker, etwas Zitronensaft, 6 Eier, 1 Glas Johannisbeer- oder Aprikosenmarmelade, Zimt und Zucker oder Puderzucker

Von der Milch einige Eßlöffel abnehmen und mit dem Mehl verquirlen. Die übrige Milch erhitzen, das Mehl einrühren und zu einem dicken Brei kochen. Mit Salz, Zucker und Zitronensaft abschmecken. Die Eier trennen. Die Eidotter zugeben. Die Eiweiß zu steifem Schnee schlagen und vorsichtig unterheben. Die Masse auf ein gut gebuttertes Backblech streichen und hellgelb backen. Sofort mit Marmelade bestreichen, aufwickeln und mit Zimt und Zucker oder Puderzucker bestreuen. Dazu serviert man eine Vanillesoße.

b) Nachspeisen

Zwetschgenbavesen

Der Name stammt aus dem Italienischen und leitet sich von der „zuppa pavese“ ab.

6 Semmeln vom Vortag, 300 g Zwetschgenmus, 1/4 l Milch, 2 Eier, Semmelbrösel, Butterschmalz, Zucker, Zimt

Die Semmeln abreiben und in knapp 1 cm dicke Scheiben schneiden. Mit Zwetschgenmus bestreichen und je 2 Scheiben zusammendrücken. Auf beiden Seiten in Milch tauchen und etwas durchziehen lassen, dann mit verschlagenem Ei und Semmelbröseln panieren und in der Pfanne auf beiden Seiten goldgelb backen. Mit einer Zucker-Zimt-Mischung bestreuen und auftragen.

B'soffne Jungfern

3 Eier, 100 g Zucker, etwas abgeriebene Zitronenschale, 70 g Mehl, Butterschmalz zum Ausbacken, 1/2 l Rotwein, 40 g Zucker, 1 Messerspitze Zimt

Die Eidotter mit Zucker und abgeriebener Zitronenschale dick schaumig rühren, dann das gesiebte Mehl und den sehr steifgeschlagenen Eierschnee unterhe-

ben. Von diesem Teig mit einem Eßlöffel Nockerl abstechen und in heißem Schmalz auf beiden Seiten goldgelb backen. Abtropfen lassen und in einer vorgewärmten Schüssel anrichten. Den mit Zimt und etwas Zucker erhitzten Rotwein darübergießen und sofort auftragen.

Bayerische Creme

Als „Crème à la bavaroise" ist sie nicht nur in Bayern beheimatet. Sie hat ihren Siegeszug in die internationale Feinschmeckerküche angetreten. Die bekannteste Art ist die Bavaroise mit Vanille. Man kann sie aber auch mit Früchten, Nüssen, Kakao, Schokolade, Kaffee, Likören oder Orangenblütenwasser zubereiten. Eine beliebte Art ist auch die à la Fürst Pückler, nämlich in den drei Schichten Vanille, Erdbeer, Kakao:

5/8 l süßer Rahm, 1 1/2 Päckchen farblose Gelatine, 200 g Zucker, 6 Eidotter, 1 Vanilleschote, etwas geschmackloses Öl (oder Mandelöl)

1/8 l Rahm mit dem Mark einer Vanilleschote kurz aufkochen und abseihen. 200 g Zucker mit 6 Eidottern dick und weißschaumig schlagen und unter ständigem Rühren mit dem Vanillerahm aufgießen, unter weiterem Schlagen erhitzen und zu einer dicklichen Creme abrühren. Die nach Vorschrift gequollene Gelatine darin auflösen. Im kalten Wasserbad abkühlen lassen, dabei immer wieder umrühren. Inzwischen den restli-

chen 1/2 l Rahm sehr steif schlagen. Den Rahm in dem Augenblick schnell in die Creme einziehen, in dem diese zu erstarren beginnt. Die Creme muß locker und luftig bleiben. In eine sehr dünn mit Öl ausgestrichene Creme- oder Puddingform füllen und im Kühlschrank vollständig erstarren lassen. Stürzen und kalt servieren.

c) Schmalzgebäck

Der Fasching wird in Bayern gern als die 5. Jahreszeit bezeichnet. Sie wird intensiv erlebt und gefeiert, beginnt schon am Donnerstag vor Aschermittwoch und endet in München mit einem Fischessen am Aschermittwoch. Auf den Dörfern aber läuten am Faschingsdienstag nachts um 12 Uhr die Glocken die Fastenzeit ein.

Am „Schmalzigen Samstag" türmen sich Berge von Schmalzbachernem in der Speisekammer auf; am „Schmalzigen Samstag" ißt man so viel, daß man übersatt ist, denn:

Lustig ist die Fasinacht,
wann mei Muatta Küchl backt.
Wenn sie aber koane backt,
pfeif i auf die Fasinacht.

Der Freitag und der Samstag vor Kirchweih waren ebenfalls Backtage für das geliebte Schmalzgebäck. Auch hier galt es wieder, möglichst viele verschiedene Sorten und Formen zu backen. Das Backen mußte übrigens um Mitternacht vor Kirchweih beendet sein. Darauf legte die Bäuerin Wert, denn wenn sie nach Mitternacht noch backte, konnte es passieren, daß jemand eine Heugabel zum Küchenfenster hereinhielt, und die Bäuerin mußte jede Zinke von oben bis unten mit den Backwaren bestecken.

Die erste „Nudel" wurde ins Feuer geworfen – sie gehörte den armen Seelen.

Der Name Schmalzgebäck verleitet zu falschen Schlüssen. Schmalz ist nicht Schweineschmalz, sondern reine Butter oder Butterschmalz. Deshalb schmecken die Gebäckstücke auch so flaumig zart. Einige typische Gebäcke seien hier genannt:

Auszog'ne

500 g Mehl, 1 Prise Salz, 1/4 bis 3/8 l Milch, 20 g Hefe, 1 bis 2 Eier, 50 g Butter, 30 g Zucker, Butterschmalz zum Ausbacken, Zucker zum Bestreuen

Einen recht weichen Hefeteig bereiten und sofort kleine Nudeln abstechen. Mit etwas Butter bestreichen und 20 Minuten gehen lassen. Mit gefetteten Fingern ausziehen, so daß ein dicker Teigrand entsteht, der in der Mitte nur durch eine dünne Teigschicht verbunden ist. In heißes Schmalz legen und einmal mit etwas Schmalz begießen, das aber nicht in die Mitte laufen darf. Wenn sie braun sind, vorsichtig umwenden, damit das geblähte Fenster in der Mitte nicht voll Schmalz läuft, es würde sonst braun werden. Fertig backen, abtropfen lassen und mit Zucker bestreut anrichten.

Faschingskrapfen

Die runden Krapfen symbolisieren nach heidnischem Glauben den Wunsch nach Sonne und Sommer.

Hefeteig wie zu den Auszog'nen, jedoch noch 25 g Butter und 2 Eidotter zufügen, Aprikosenmarmelade, Butterschmalz zum Ausbacken, Puderzucker

Den schon etwas gegangenen Hefeteig nochmal gut abschlagen, damit der Teig schön feinporig wird. Auf

einem bemehlten Blech 3 cm dick auswellen und mit einem Messer Kreise ausschneiden. Von der Seite beginnend bis in die Mitte mit einer Füllspritze etwa 1/2 Teelöffel Marmelade geben, den Rand wieder gut verschließen, damit die Marmelade nicht auslaufen kann. Nicht zu warm stellen und um die Hälfte gehen lassen. Auf heißes Butterschmalz setzen - sie dürfen nicht ganz zur Hälfte einsinken; tun sie es doch, sind sie nicht genügend gegangen oder das Butterschmalz ist nicht heiß genug. Nach 4 bis 5 Minuten vorsichtig umwenden und auch von der anderen Seite backen. Wieder dürfen sie nicht zu tief einsinken, damit sie in der Mitte ein weißes Rändchen behalten. Abtropfen lassen, dabei aber nicht übereinanderlegen. Am Schluß mit reichlich Puderzucker bestäuben.

Strauben

1/4 l Milch, 1 Prise Salz, 50 g Butter, 1 Eßlöffel Zucker, 150 g Mehl, 4 Eier, Butterschmalz zum Ausbacken, Puderzucker

Die Milch mit Salz, Butter und Zucker aufkochen, vom Feuer nehmen und das gesiebte Mehl auf einen Schwung unter kräftigem Rühren hineinschütten. Auf dem Feuer so lange rühren, bis sich der Teig vom Topf löst. Vom Feuer nehmen und die Eier unter weiterem kräftigen Rühren eines nach dem anderen zugeben. Den Teig etwas abkühlen lassen und in eine Teigspritze oder in einen Spritzbeutel füllen. Durch einen kleinen, gezackten Einsatz Ringe auf gebuttertes oder bemehltes Pergamentpapier spritzen und vorsichtig in heißes Butterschmalz gleiten lassen. Auf beiden Seiten schwimmend goldgelb backen und abtropfen lassen. Noch heiß oder erkaltet mit Puderzucker bestäubt essen.

Eigene Rezepte & Notizen:

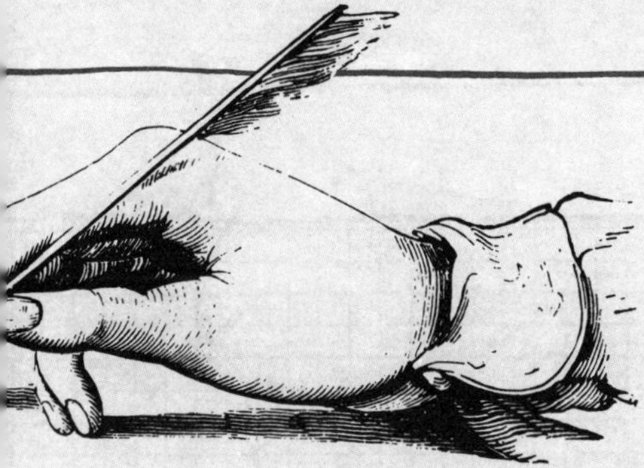

Gebäck

Sehr viele typisch bayerische Torten oder Kuchen gibt es nicht. Wenn überhaupt, dann beruhen sie alle – mit Ausnahme der Prinzregententorte – auf Hefeteigbasis und sind eine Art süßes Brot. Die Bayern bevorzugen ihr Schmalzgebackenes, und davon gibt es Dutzende von Variationen. Einige davon finden Sie unter den Rezepten auf den Seiten 104-107.

Prinzregententorte

Die Torte wurde dem Prinzregenten Luitpold (1821 – 1912) von seinem Leibkoch Rottenhöfer gewidmet.

Für den Teig: 250 g Butter, 250 g Zucker, 1 Vanilleschote, 4 Eier, 250 g Mehl, 1 Teelöffel Backpulver
Für die Fülle: 250 g Butter, 175 g Puderzucker, 3 Eidotter, 250 g bittere Schokolade

Für die Glasur: 200 g bittere Schokolade, 1 Teelöffel Wasser, 1 Stich Butter

Für den Teig die Butter mit 3/4 des Zuckers schaumig rühren, mit dem Mark einer Vanilleschote aromatisieren und nach und nach 2 Eidotter und 2 ganze Eier einrühren. Dann das mit dem Backpulver vermischte Mehl portionsweise einarbeiten. Zuletzt den mit dem restlichen Zucker und dem verbleibenden Eiweiß sehr steifgeschlagenen Schnee unterziehen. Aus dem Teig nacheinander 7 oder 8 Blätter herstellen: auf eine gebutterte und bemehlte Springform jeweils die entsprechende Masse verteilen und bei mittlerer Hitze

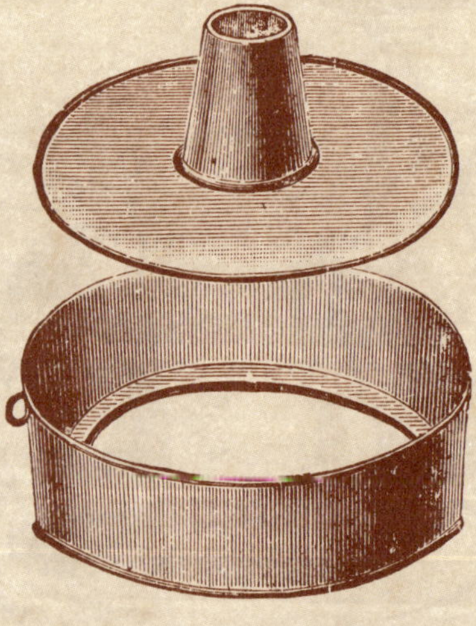

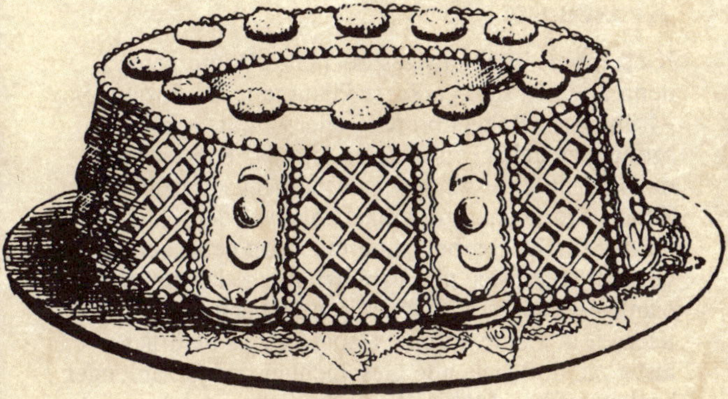

(185 Grad) in etwa 8 Minuten goldgelb backen. Noch heiß aus der Springform nehmen und auf einem Rost erkalten lassen. Zur Fülle die Butter sehr schaumig rühren, dann den gesiebten Puderzucker und die Eidotter abwechselnd unterrühren, damit die Masse sehr schaumig wird. Zum Schluß die aufgeweichte, aber nicht warme Schokolade nach und nach dazugeben. Die Masse auf die erkalteten Tortenblätter streichen und diese aufeinandersetzen. Etwas antrocknen lassen. Die ganze Torte mit Schokoladenglasur überziehen. Dazu alle Zutaten in einem Töpfchen erhitzen, bis die Schokolade sich aufgelöst hat. Die Torte kühl stellen. Erst am 2. Tag anschneiden.

Kletzenbrot

Kletzenbrot ist ein ausgesprochenes Wintergebäck, denn Kletzen sind gedörrte Pflaumen und Birnen, die - früher - in Roggenbrotteig oder - heute - in Weißbrotteig eingebacken werden. Um das Kletzenbrot ranken sich viele schöne Volksbräuche. In früheren Zeiten wurde das Brot einige Tage vor dem Thomastag (21. Dezember), und nur dann gebacken. Da versammelten sich alle Familienmitglieder um den blankgescheuerten Küchentisch und schnitten die Kletzen in kleine Stücke. Dabei ging es natürlich lustig zu, und viele alte Geschichten und Erzählungen begleiteten die Arbeit. Wenn das Schneiden beendet war, mußte die Großmagd den Teig kneten. Aufgrund eines alten Brauchs ging sie zwischendurch in den Garten, um mit den bemehlten Händen die Zwetschgen-und Birnenbäume zu schütteln und um viel gutes Obst im kommenden Sommer zu bitten.

Es wurde natürlich nicht nur ein einzelnes, sondern gleich mehrere Brote gebacken, und außerdem viele kleine Laibl und Gebildbrote, die Kletzenbrothansl. Bevor die Brote in den Ofen kamen, segnete die Bäuerin sie. Die fertiggebackenen Brote wurden bis zu den Feststagen aufbewahrt. Eines der großen Brote nahm der Bauer mit zur Christmette und ließ es dort weihen. Jede Magd und jede Haustochter bekam zum Fest von der Bäuerin einen kleinen Laib geschenkt. Auch die Patenkinder erhielten solch einen Kletzenwecken. Die Dirndl verschenkten die kleinen Hansl an ihren „herzdausigen Buam“.

Der erste Anschnitt der Brote war gewöhnlich auf „Stefani". Diesen Anschnitt, das Scherzl, verehrte das Mädchen seinem Liebsten, der vor dem Küchenfenster wartete. Dabei mußte der Anschnitt eine glatte Schnittfläche aufweisen, damit die Liebe auch Bestand habe.

War der Freier unerwünscht, überreichte man ihm ein in Papier eingewickeltes Torfstück oder nur Brotbrösel – das war eindeutig. Derjenige aber, der das Scherzl erhielt, führte sein Mädchen bei nächster Gelegenheit zum Tanz aus.
Das große, geweihte Familienbrot aber wurde erst am Dreikönigstag angeschnitten. Das besorgte der Bauer vor versammelter Familie, um anzudeuten, wie sehr man in Zukunft zusammenzuhalten habe. Ein schöner Brauch!
Heute wird das Kletzenbrot, das man beim Bäcker kaufen kann, mit Rosinen und Feigen und anderen Früchten angereichert.
In manchen Orten wird nur die Hälfte des Brotteigs mit den Kletzen verknetet und dann in die restliche Hälfte wie in einen Mantel gewickelt.

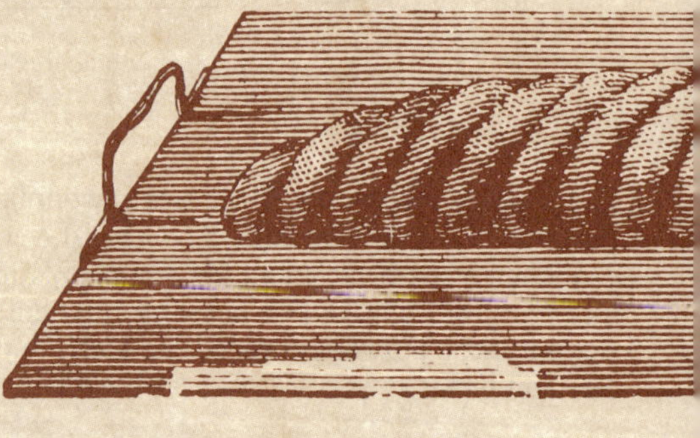

100 g Dörrbirnen, 100 g Dörrzwetschgen, je 50 g getrocknete Feigen, Rosinen, Aprikosen und Äpfel, Saft und Schale von 1/2 Zitrone, 1/2 Päckchen Lebkuchengewürz, 100 g Zucker, 500 g frischer Brotteig (vom Bäcker), 2 Eßlöffel Honig, 1 Eßlöffel Wasser

Das Obst klein schneiden und mit dem Zitronensaft und der abgeriebenen Schale sowie mit dem Gewürz und dem Zucker vermengen. Die Hälfte des Brotteigs damit verkneten. Die andere Hälfte ausrollen. Die Masse darin einrollen. Die Oberfläche mit erwärmtem Honigwasser bestreichen. Das Brot gehen lassen und bei mittlerer Hitze in etwa einer Stunde goldbraun abbacken. Das noch heiße Brot wiederum mit Honigwasser bestreichen und mit Rosinen, Mandeln und Zwetschgenstreifen verzieren. Das Ankleben erfolgt mit Hilfe von Zuckerguß.

Eigene Rezepte & Notizen:

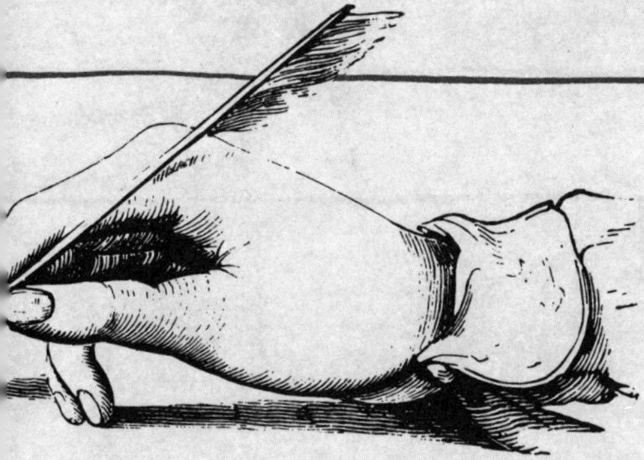

Brotzeit

Voressen

Suppen

Fleischgerichte

Register

Wild und Geflügel

Fische

Schwammerl, Gemüse und Salate

Register

Beilagen

Mehlspeisen, Nachspeisen und Schmalzgebäck

Gebäck